気軽に折れて
楽しく使える

Pocket Origami

かわいい ポケット折り紙

藤本祐子
Yuko Fujimoto

日貿出版社

Introduction

はじめに

ポケット折り紙の世界へようこそ！

この本でご紹介する折り紙にはすべてポケットがあります。
「ポケット」というと、何を思い浮かべますか？
「ふしぎなポケット」、「ポケットいっぱいの秘密」、「四次元ポケット」…etc.
何となくワクワクしてきませんか？

メインの作品はすべて、正方形の折り紙が１枚あれば、のりやハサミを使わずに完成するものばかりです（「不切正方形１枚折り」です）。一般的な15cm四方の紙で折って、つまようじサイズのものを入れるのにちょうどいい大きさになること、そして、実用性だけでなく、形のかわいらしさや美しさでも楽しめることにこだわって作りました。

普通の折り紙用紙で折って使える作品ばかりですが、写真のページには、和紙や模様のある洋紙などを使って大きなサイズの紙で折った作品例も掲載しました。

紙の柄や材質を工夫することで、お部屋のインテリアやパーティーのテーブル装飾など、豪華な飾りにもなってくれると思います。

多くの作品に折り方のバリエーションがありますので、みなさんのアイデアで使い道を工夫して楽しんでくださいね。

この本の中の作品たちが、季節の行事やおもてなしの席に彩りを添えたり、お祝いやお礼のメッセージを伝えたりして、見た方がちょっと笑顔になってくれたなら、作者として、とてもうれしく思います。

2017年10月

藤本 祐子

Contents もくじ

Theme 2

節句飾りのポケット折り紙 66

Theme 3

たとうとコインケース 82

Penguin
Matryoshka

暮らしを彩るおしゃれなポケット

もともと「ようじ入れ」として考えた作品たちですが、紙の大きさを変えると、いろいろなものを入れることができます。ウォールポケット、箸袋、小物入れ、カード立てなど、折り紙で暮らしをおしゃれに彩ってみませんか？

AUSTIN DAIRY
€ 2,50
Carte d'embarquement
Boarding pass

大きめのラッピングペーパーで折って壁にかけると、こんな素敵なウォールポケットに。

葉っぱ → p.34

Happy Party
Happy Party

楽しいキッズパーティーには、カラフルな紙で折ったピック立てやスプーン入れを。にぎやかなテーブルに子供たちの笑顔があふれます。

葉っぱと小鳥 →p.36　**王冠** →p.61
アイスクリーム →p.46　**ペンギン** →p.48
メロン →p.45の「すいか」を参照

We wish
your love
grow forever!

キュートなハートと天使のポケット折り紙を
ガーランド仕立てにしてみました。
手作りウェディングのデコレーションにいかが？

エンゼル →p.62
ハート →p.64

Kid's room

三角形の帆がかわいい小さなヨット。
帆の部分にはメモをさしこむこともできます。

ヨット →p.47

LYNX
GREEN
YELLOW

ちょっとしたお祝いの席に、折り紙で手作り感を添えて。
金色の紙で折れば、結婚式などでも活躍します。

松竹梅の祝い鶴 →p.66

菊 →p.80

山下
湊大
様

紅白の和紙で作った鶴の箸袋は、
和のおもてなしにぴったり。

鶴の箸袋　→ p.70 の「鶴のミニ門松」の
バリエーション！

四季のポケット折り紙

折り紙の作品づくりでは、春夏秋冬の季節感も大切です。
春はお花、夏はすいかやアイスクリームなど、その季節ならではのものを折るのは楽しいですね。
プレゼントを差し上げる時、ちょっとしたメッセージをはさんで添えるのも素敵です。

春

葉っぱ →p.34
葉っぱと小鳥 →p.36

たけのこ　→p.38
笹　→p.79
花　→p.40

夏

カエル →p.42
なすび →p.44
すいか →p.45

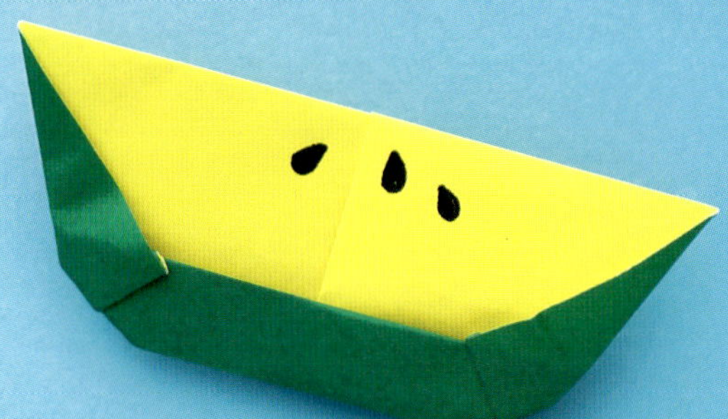

VOYAGE

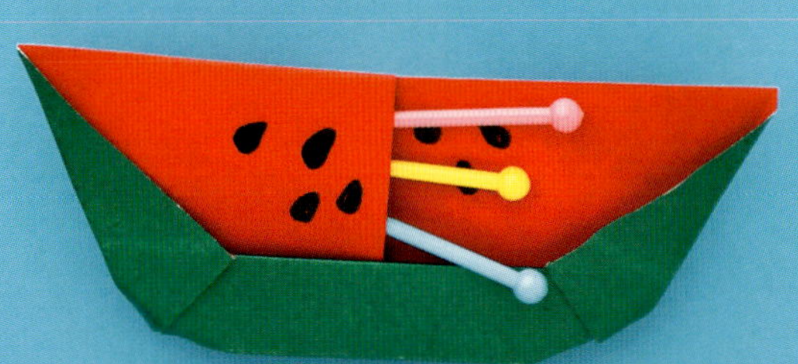

アイスクリーム →p.46
ヨット →p.47
ペンギン →p.48

秋

ひょうたん →p.50

松茸（まつたけ） → p.52
銀杏（いちょう） → p.54

Hello!
HAPPY Christmas

冬

サンタクロース →p.58
ツリー →p.60
クリスマスブーツ →p.61

雪だるま →p.56
サンタクロース →p.58
ツリー →p.60
エンゼル →p.62
ハート →p.64
クリスマスブーツ →p.61
王冠 →p.61
星 →p.79

節句飾りのポケット折り紙

お正月、桃の節句、端午の節句、七夕、重陽の節句（菊の節句）など、季節を彩るお節句の飾りを、ポケットつきの折り紙で工夫してみました。玄関や棚の上などに飾って季節感を演出してみませんか？

お正月

松竹梅の祝い鶴 →p.66

鶴のミニ門松　→p.70

扇　→p.69

桃の節句

おひなさま →p.72

端午の節句

兜　→p.73

花菖蒲　→p.74

富士山 →p.75
鯉のぼり →p.76

四季の富士山

残雪の春、雪が解けた夏、初冠雪の秋、白銀の冬。
春夏秋冬の富士山の姿を表現してみました。

春

夏

秋

冬

七夕

笹の葉　→p.78

星　→p.79

重陽の節句

菊　→p.80

四季のたとう

「たとう」（畳、多当）は「たとう包み」、「たとう折り」のことで、古くから神社のお守りなどを入れたり、ご祝儀などの包みとして折られていました。糸、お香などを包んでおくのにも使われていたようです。
ここでは伝承の折り方の応用で、四季折々の形を折り出してみました。シールや切手、お手紙などを入れるのもいいですね。

四季のたとう →p.82
クローバー〈春〉、星〈夏〉、紅葉〈秋〉、鶴〈冬〉

コインケースいろいろ

ぽち袋代わりにコインを入れて。動物のコインケースを大きな紙で折ると、
かわいいポシェットになりますよ！

金魚のコインケース →p.86
ウミガメのコインケース →p.88
ケロちゃんのコインケース →p.89

動物のコインケース　→p.92
(パンダ、犬、くま、しか、きつね、ねこ)

願いを込めて

小さなポケットの中に、遊び心と願いを込めて、
親しい方にお贈りしてみませんか？

合格願い

「五角」のポケットに「合格」をかけて、
学業成就のお守りを入れてプレゼント。

鶴の五角（合格）コインケース →p.90

瓢箪（ひょうたん）から駒（こま）

ひょうたんの中に伝承作品の「アクロバットホース」を入れてみました。

何事もなす、無事かえる

京都・大原の寂光院で見つけた、なすびの中に小さな金色のかえるが入った根付けのお守りを模してみました。旅立つ方への贈り物に。

なすび →p.44
ひょうたん →p.50
アクロバットホース →p.65
カエル →p.42

折りはじめる前に

折り図の見方

＊折り図の記号はいくつかありますが、基本の「谷折り」と「山折り」は必ず覚えておきましょう。

＊折り図を見るときは、今折っている図だけを見るのでなく、その次の図を見ながら、折ったあとの形を確認しましょう。次の図を見れば、形の変化がよくわかって、迷うことが少なくなります。

＊折り図は地図のようなものです。必ずしも折りやすい向きで描いてありません。
折り図を参考にしながら、紙を自分の折りやすい向きに置いて折りましょう。
迷ったら、折り紙を図と同じ向きに置き直して確認してから、また折り進めましょう。

きれいに折るために

＊折り紙も楽器と同じです。少し技術のいる作品は、はじめからきれいには折れません。
作品として仕上げる場合は、何度か練習してから作りましょう。

＊この本には、折り進めると紙が重なって固くなる部分ができる作品もあります。
一折りずつ線をしっかり折ることが大切です。固いところはヘラなどを使って折ってもよいでしょう。

折り方の記号

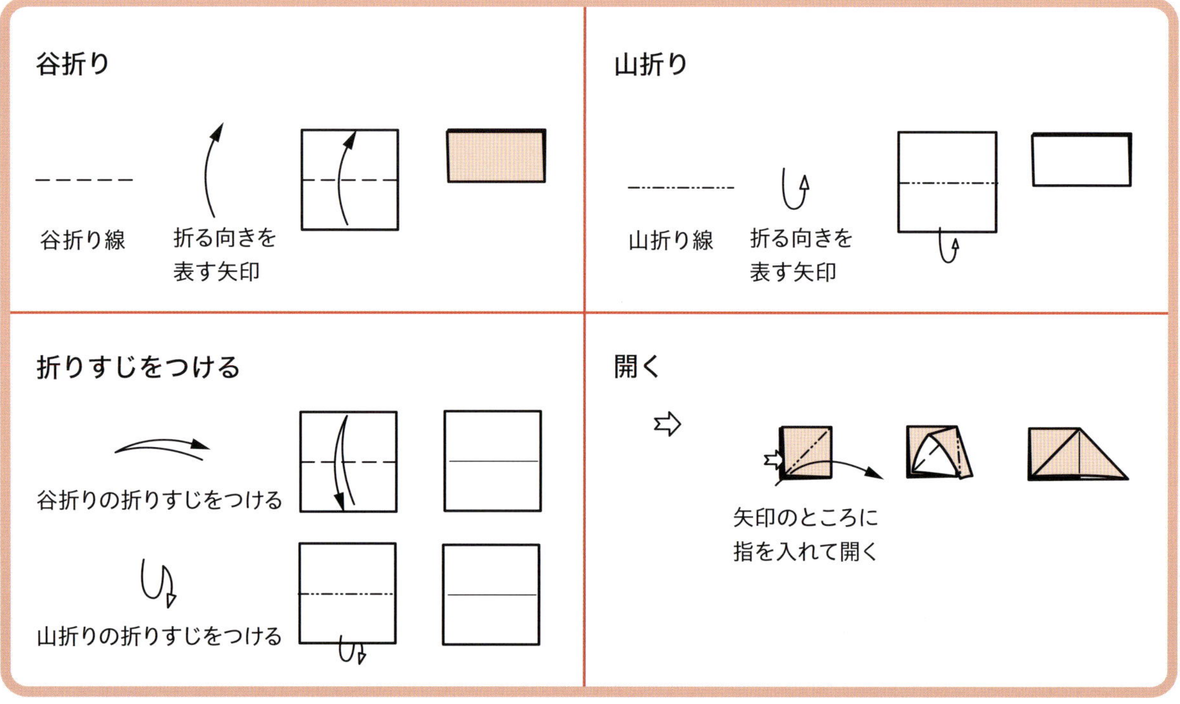
谷折り
谷折り線
折る向きを
表す矢印
山折り
山折り線
折る向きを
表す矢印
折りすじをつける
谷折りの折りすじをつける
山折りの折りすじをつける
開く
矢印のところに
指を入れて開く

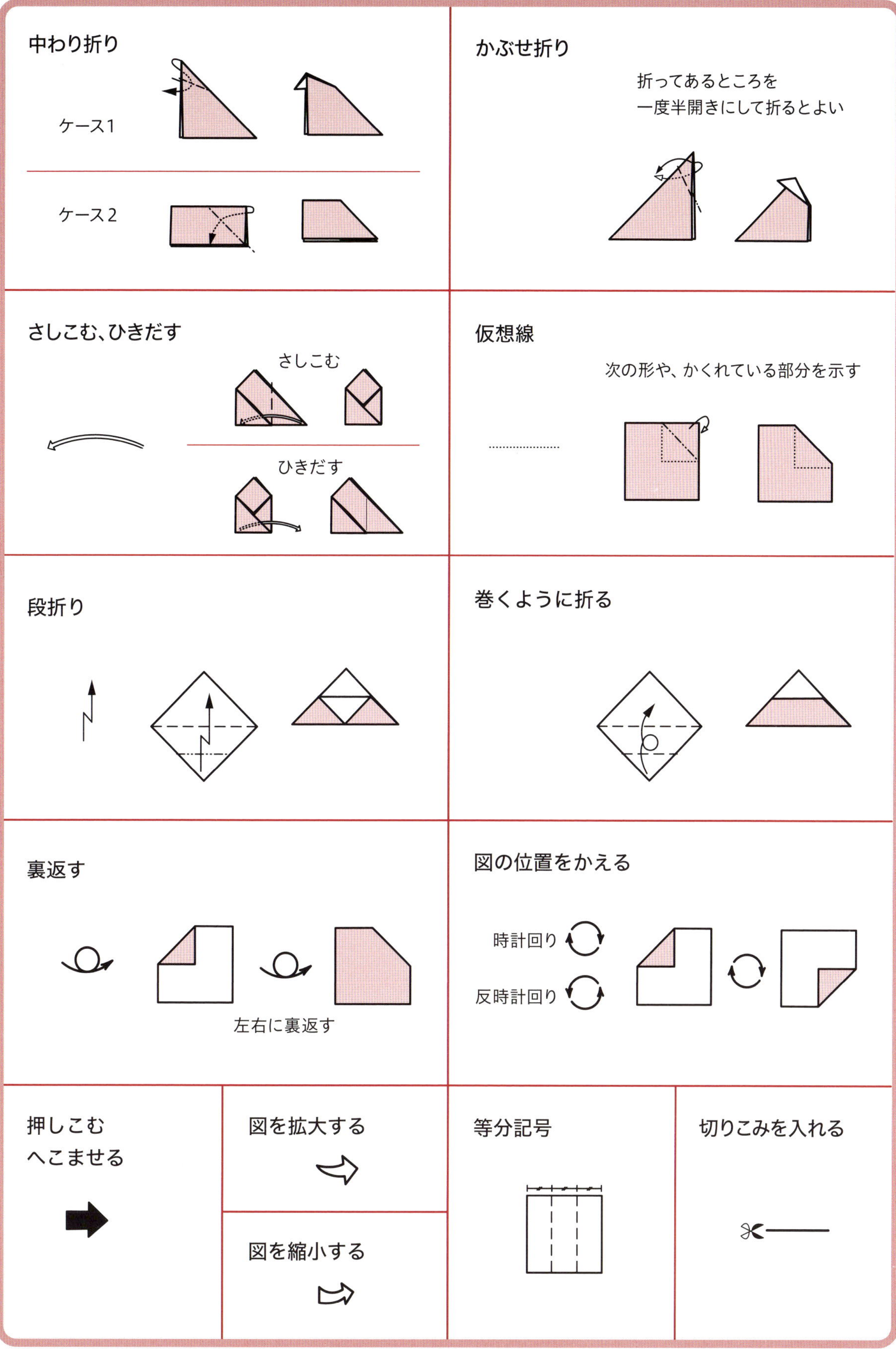
中わり折り
ケース1
ケース2
かぶせ折り
折ってあるところを
一度半開きにして折るとよい
さしこむ、ひきだす
さしこむ
ひきだす
仮想線
次の形や、かくれている部分を示す
段折り
巻くように折る
裏返す
左右に裏返す
図の位置をかえる
時計回り
反時計回り
押しこむ
へこませる
図を拡大する
図を縮小する
等分記号
切りこみを入れる

四季のポケット折り紙

春 葉っぱ

写真 >> p.6、12

斜めのポケットが2つあります。小さな紙で折ってもかわいですが、大きな紙で折ると、おしゃれな壁掛けになります。
大きさや紙の柄を工夫して、お部屋の様々な場所で使ってください。

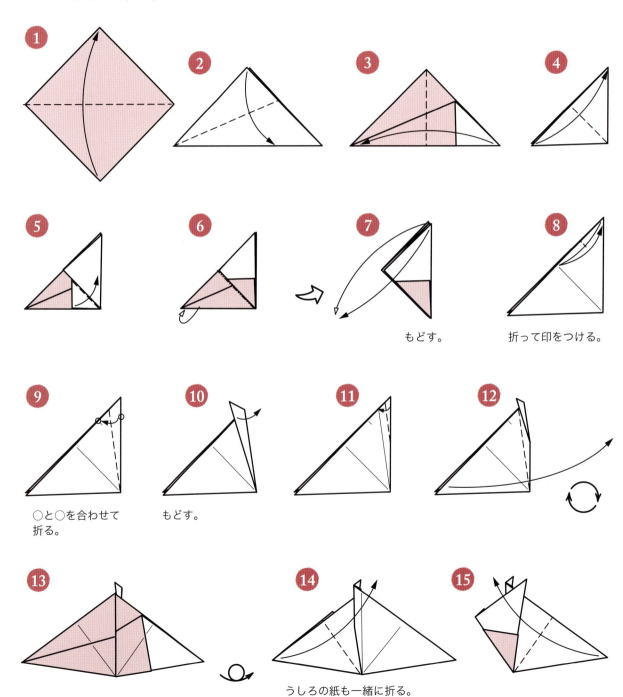

1

2

3

4

5

6

7 もどす。

8 折って印をつける。

9 ○と○を合わせて折る。

10 もどす。

11

12

13

14 うしろの紙も一緒に折る。

15

16

折ってポケットの中にさしこむ。

17

折ってさしこむ。

18

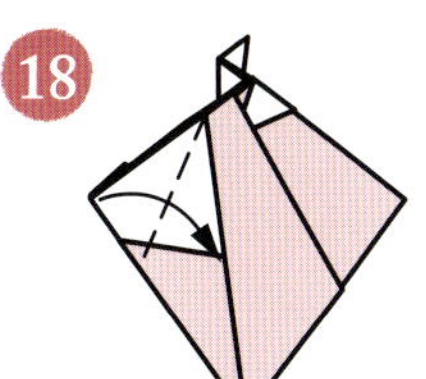

19

⑱と同じ幅で折ってさしこむ。

20

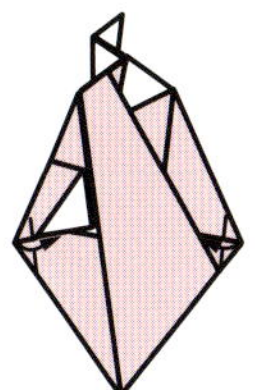

21

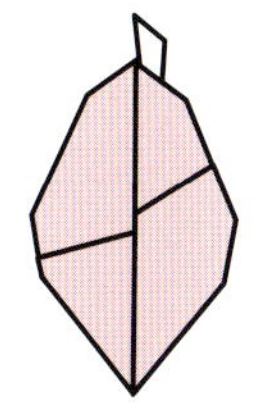

できあがり

10 × 10cm や 12 × 12cm などの紙で折ると、小さなかわいい葉っぱになります。

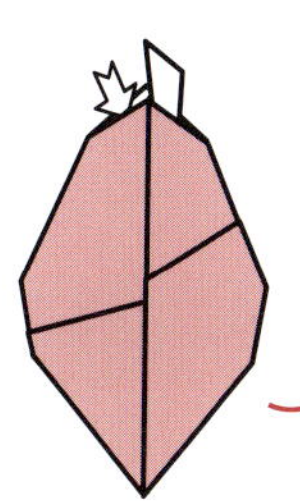

矢印のところもポケットになっています。箸を入れたり、メッセージやくじを入れたり、使い方次第でいろいろ楽しめます。

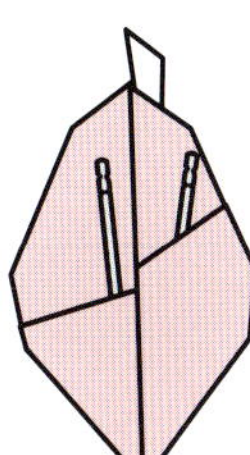

6ページの写真の作品は、次のようなサイズの紙で折っています。
大：40 × 40cm
中：30 × 30cm
小：24 × 24cm

バリエーション

ポケットの位置を変えたバージョンです。

1

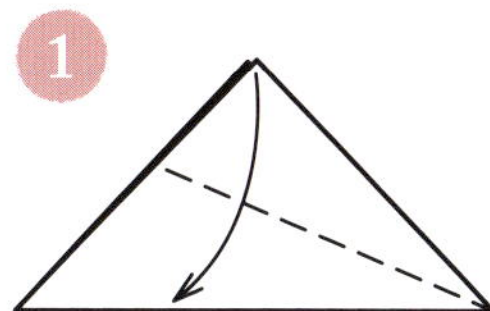

「葉っぱ」の❷で、向きを反対に折る。

2

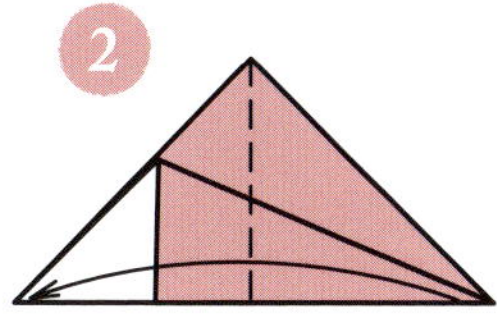

❸〜⓬と同様に折る。

3

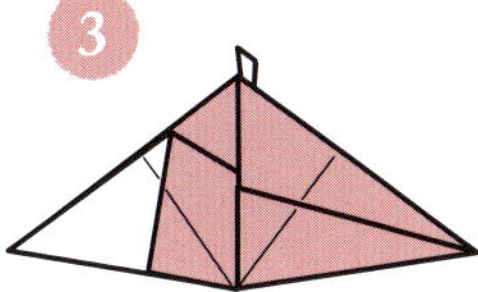

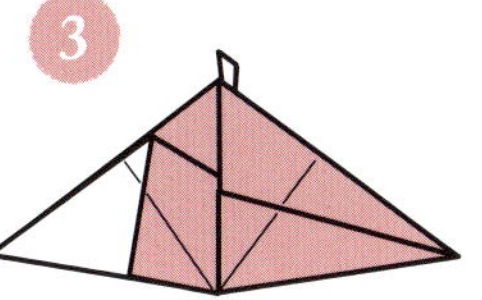

4

表に白い部分がある方を先に折る。

5

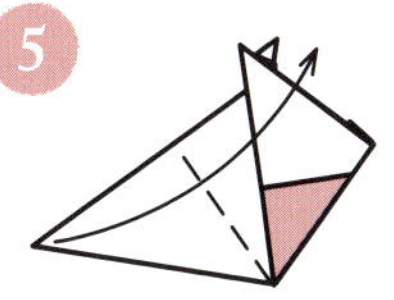

⓯以降と同様に折っていく。

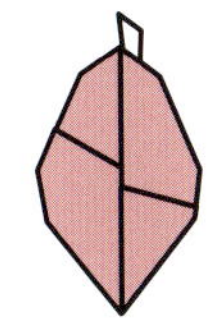

できあがり

葉っぱと小鳥

写真 >> p.7、12

かわいい小鳥を葉っぱにとまらせてみました。基本の形から、葉脈をつけたり、
葉っぱに直接とまらせたり、平面のままにしたり。左右対称のものを作っても good!
小さなお菓子をのせてもいいですね。いろんなアレンジ、使い方で楽しんでください。

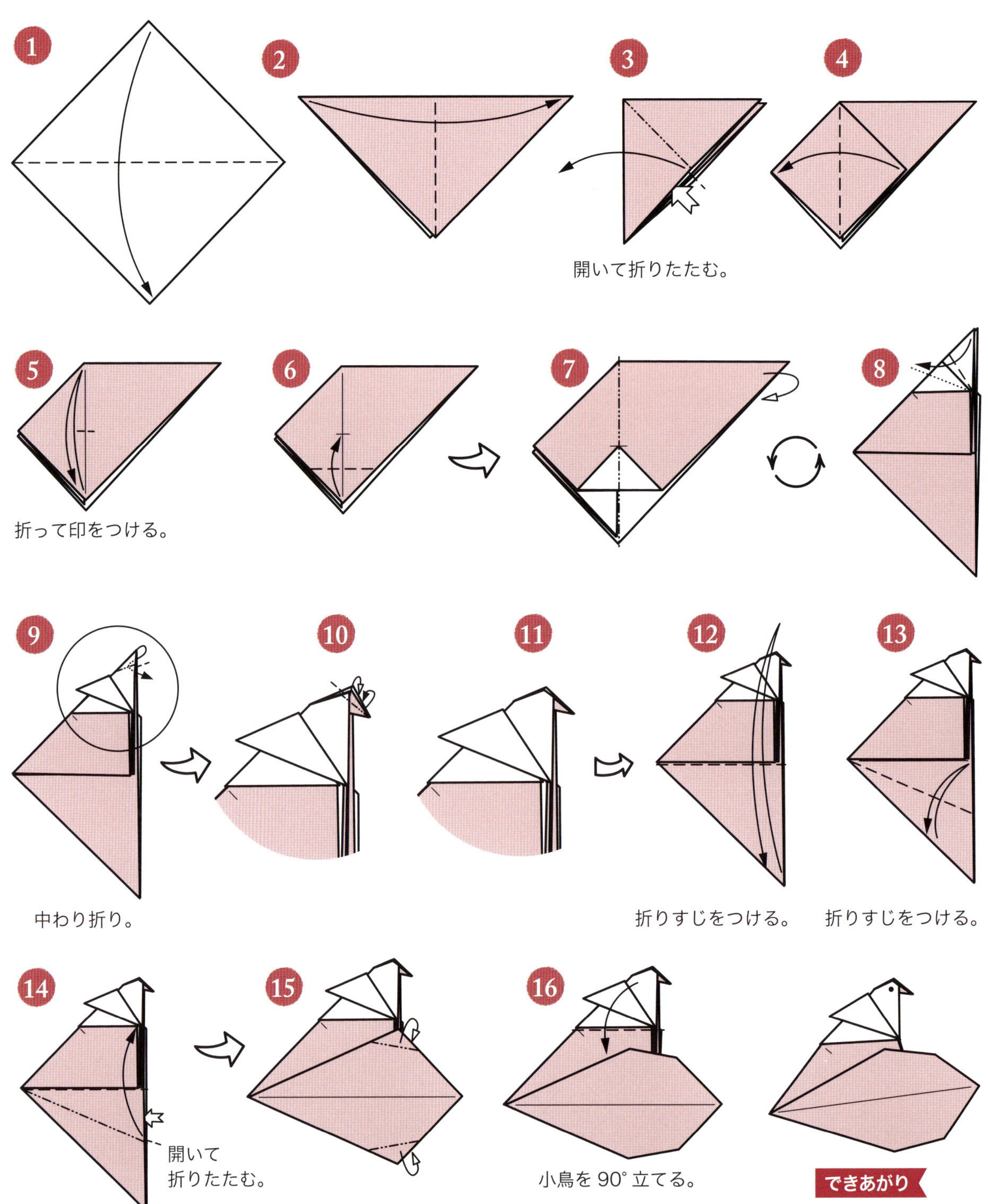
1
2
3
4
開いて折りたたむ。
5
折って印をつける。
6
7
8
9
中わり折り。
10
11
12
折りすじをつける。
13
折りすじをつける。
14
開いて
折りたたむ。
15
16
小鳥を 90° 立てる。
できあがり

バリエーション１　葉っぱに葉脈がついたタイプです。

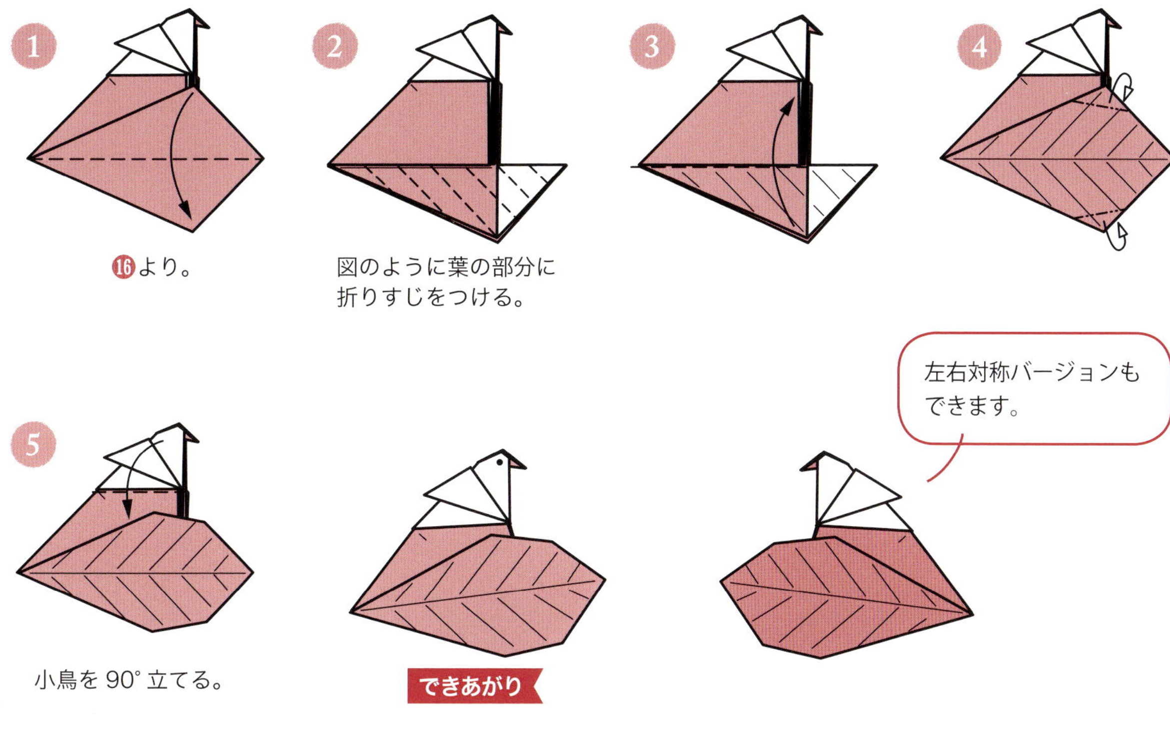
1
2
3
4
⑯より。
図のように葉の部分に
折りすじをつける。
左右対称バージョンも
できます。
5
小鳥を 90° 立てる。
できあがり

バリエーション２　基本の形より少し折りが増えて固い部分もできますが、鳥が葉っぱにとまっている形になります。

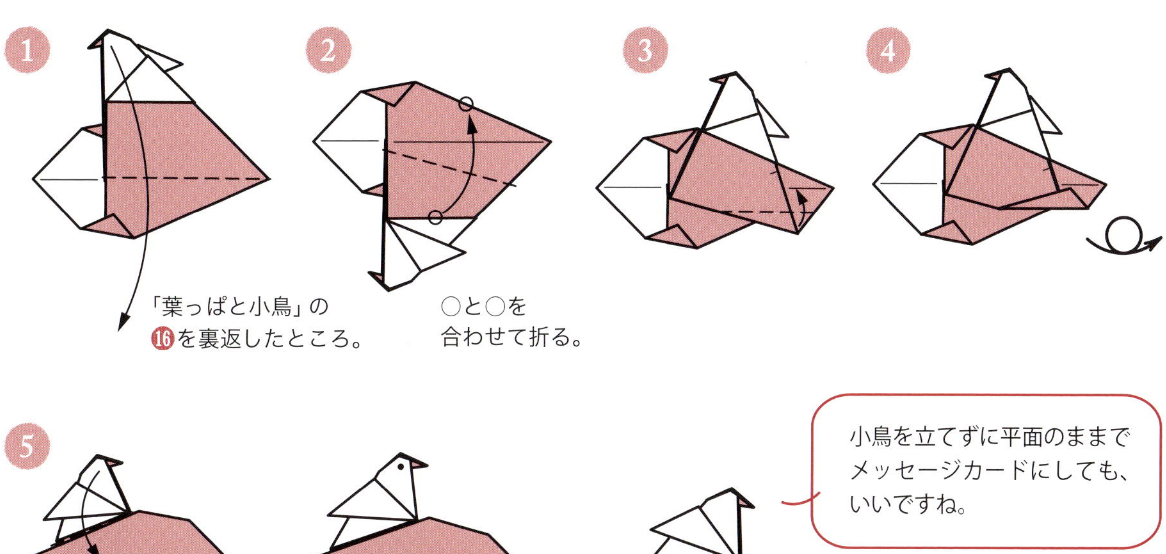
1
2
3
4
「葉っぱと小鳥」の
⑯を裏返したところ。
○と○を
合わせて折る。
5
小鳥を立てずに平面のままで
メッセージカードにしても、
いいですね。
お元気で！
小鳥を 90° 立てる。
できあがり

たけのこ

写真 >> p.13

伝承作品の「お手紙折り」（√2：１の長方形の紙で折る）をアレンジして、正方形の紙で折れるようにした作品です。箸置きにも適しています。参考作品として、長方形で折る原作もご紹介します。

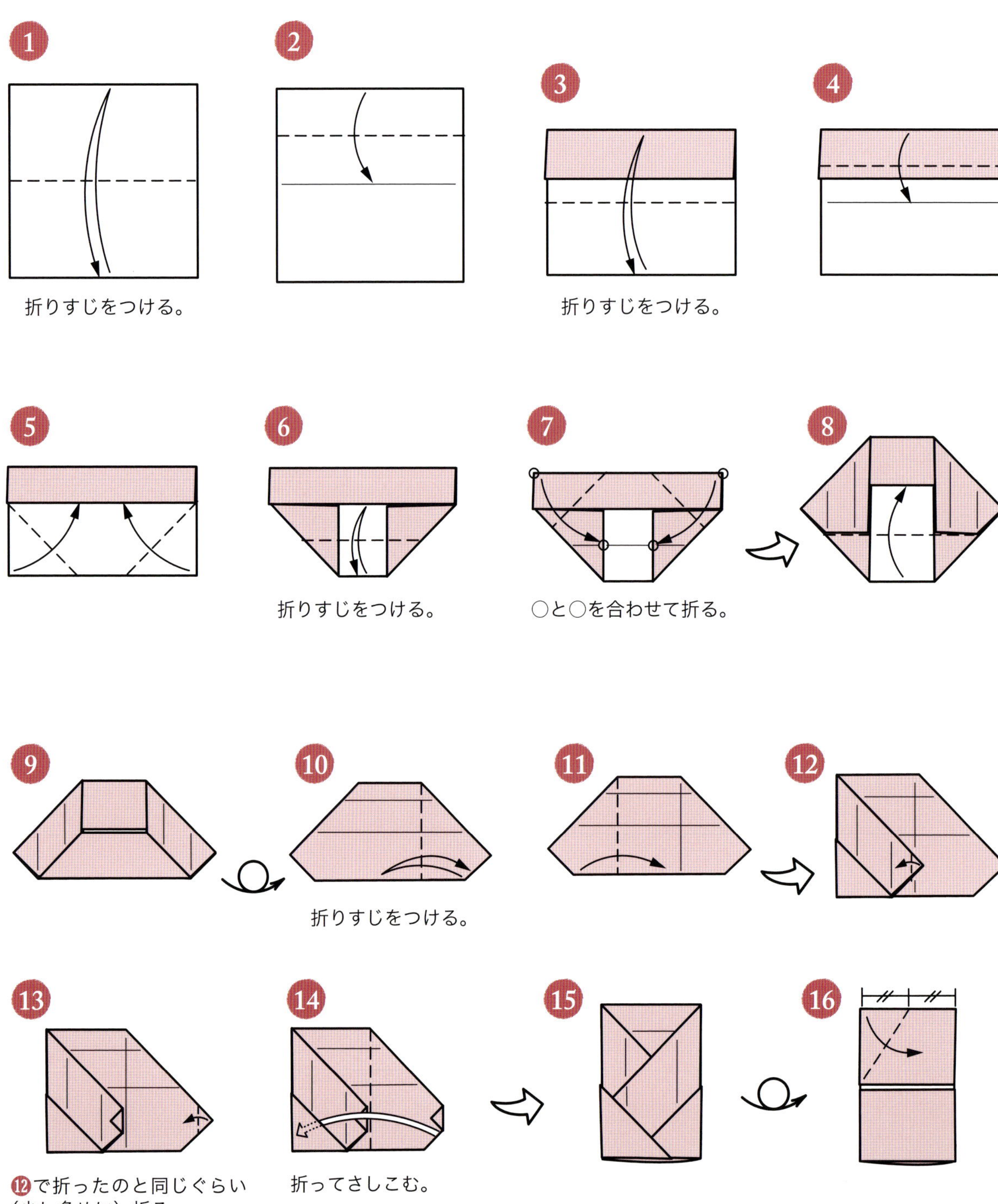
1
折りすじをつける。
2
3
折りすじをつける。
4
5
6
折りすじをつける。
7
○と○を合わせて折る。
8
9
10
折りすじをつける。
11
12
13
⑫で折ったのと同じぐらい（少し多めに）折る。
14
折ってさしこむ。
15
16

17

18

19

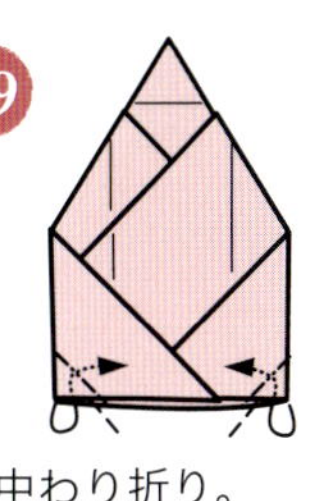

中わり折り。

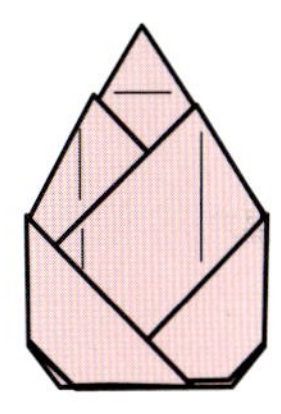

できあがり

箸置きにしたい場合は、⑯〜⑰で折った部分を起こすとよいでしょう。

参考作品

「お手紙折り」のたけのこ

「たけのこ」のもとになった伝承の折り紙です。
√2：1の長方形の紙（A4、B5サイズなどと同じ比率）を使って折ります。

1

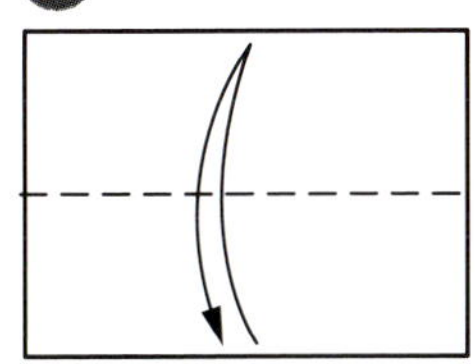

折りすじをつける。

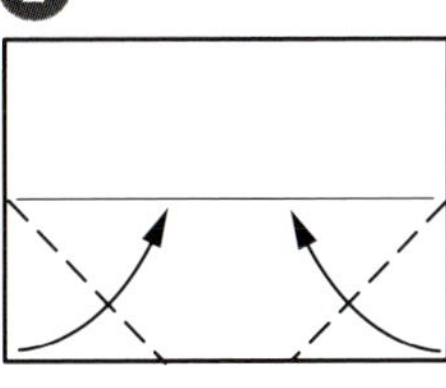

3

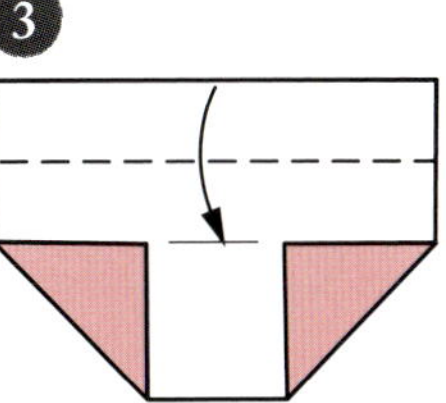

4

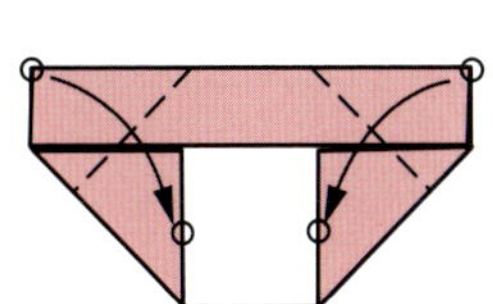

○と○を合わせて折る。

5

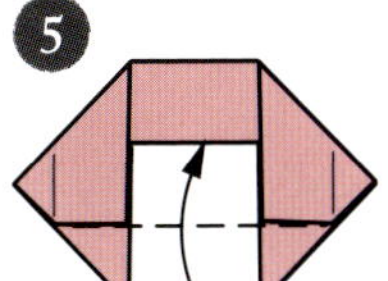

6

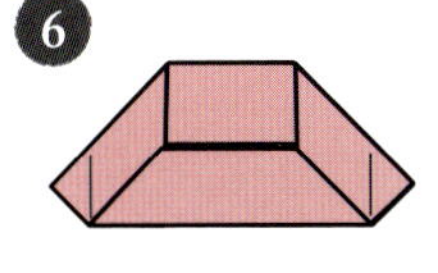

7

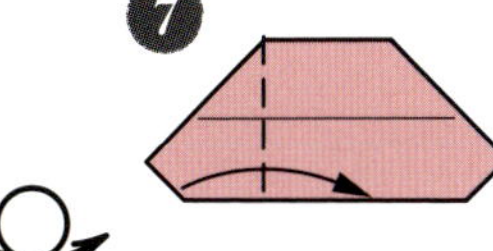

8

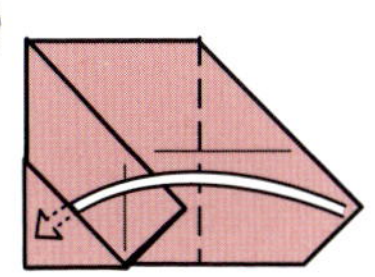

折ってさしこむ。

9

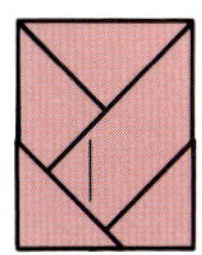

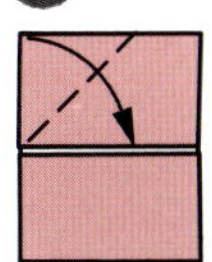

11

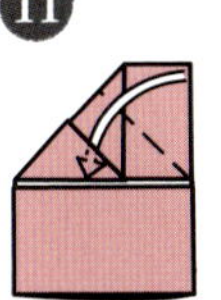

折ってさしこむ。

12

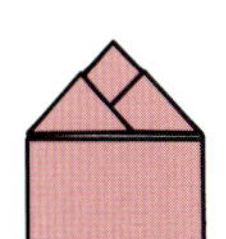

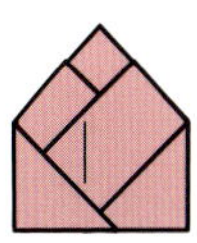

できあがり

花

写真 >> p.13

「紫陽花」として作った作品ですが、紙の色次第でいろんなお花になります。
ポケットもたくさんついています。
❾、⓫は少し難しいですが、指を入れるところに注意して折ると、きれいにできます。

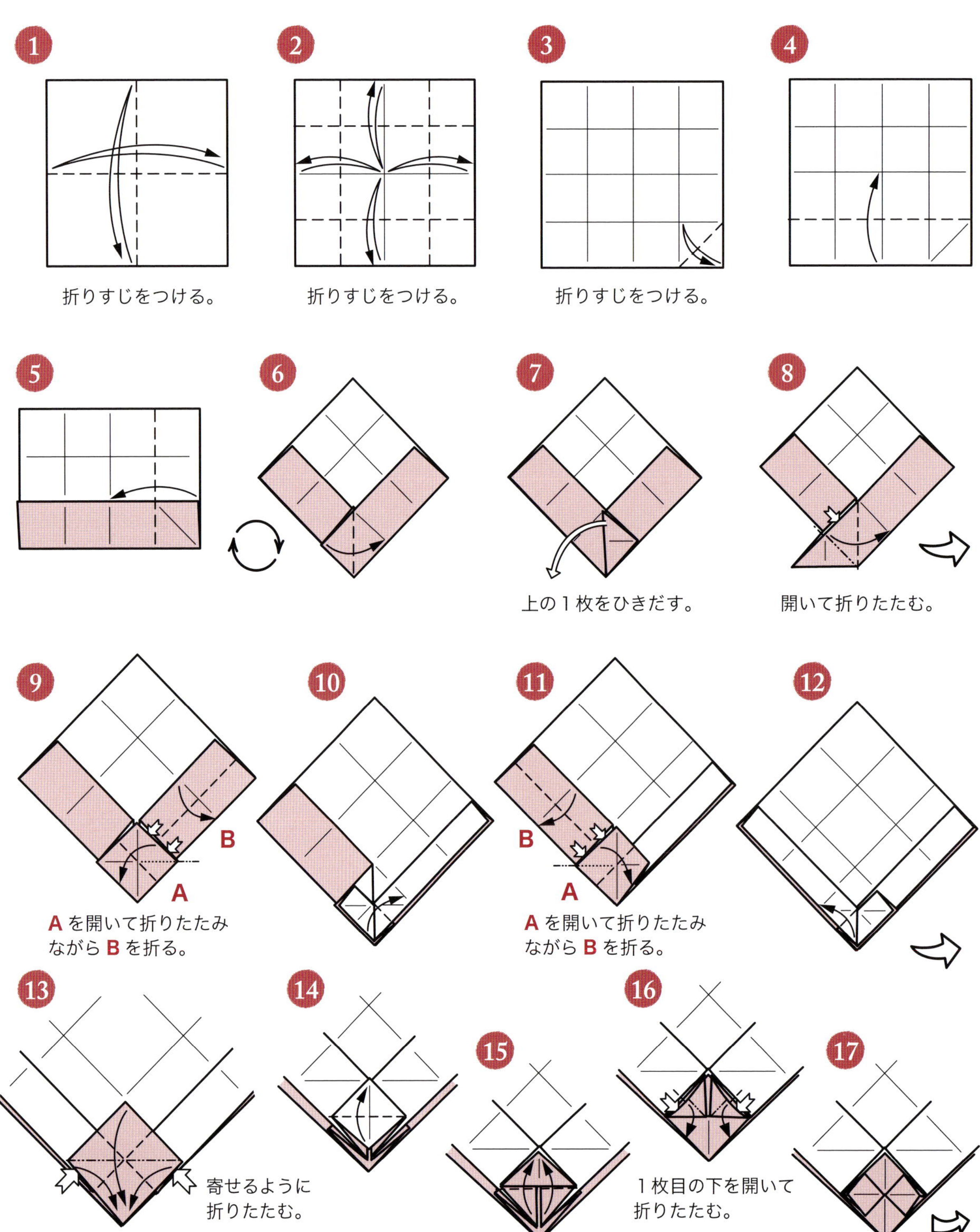
1
折りすじをつける。
2
折りすじをつける。
3
折りすじをつける。
4
5
6
7
上の1枚をひきだす。
8
開いて折りたたむ。
9
B
A
A を開いて折りたたみながら B を折る。
10
11
B
A
A を開いて折りたたみながら B を折る。
12
13
寄せるように折りたたむ。
14
15
16
1枚目の下を開いて折りたたむ。
17

18

19

20

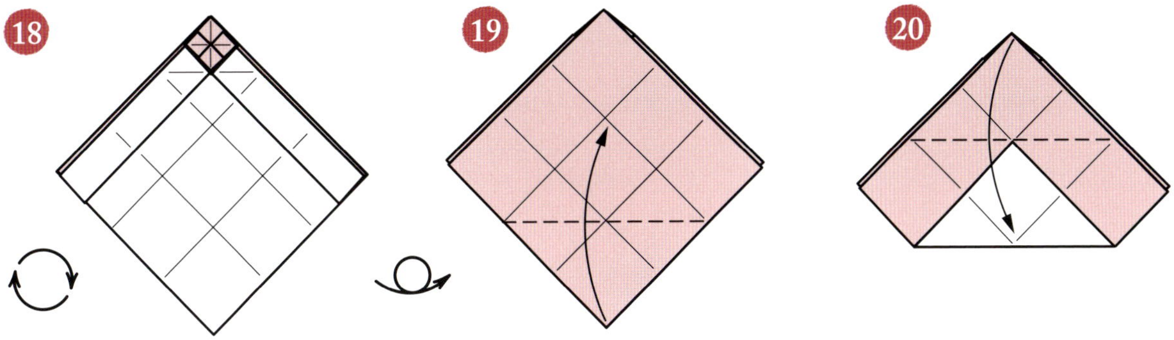

21

22

23
折ってさしこむ。

24
折ってさしこむ。

25

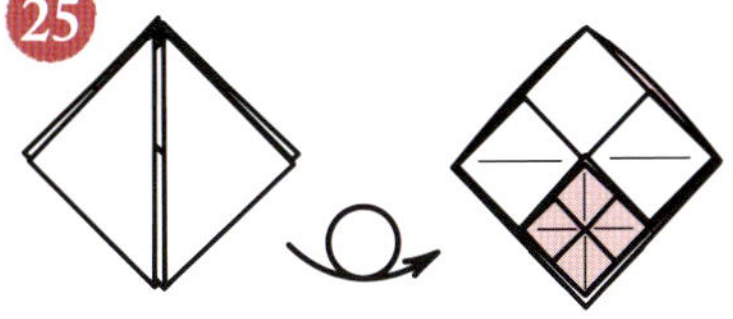

できあがり

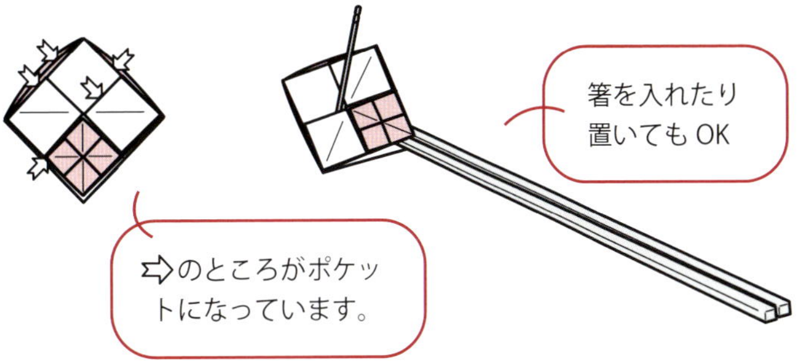

⇨のところがポケットになっています。

箸を入れたり置いても OK

バリエーション

長方形にすることもできます。
箸袋にするのに適しています。

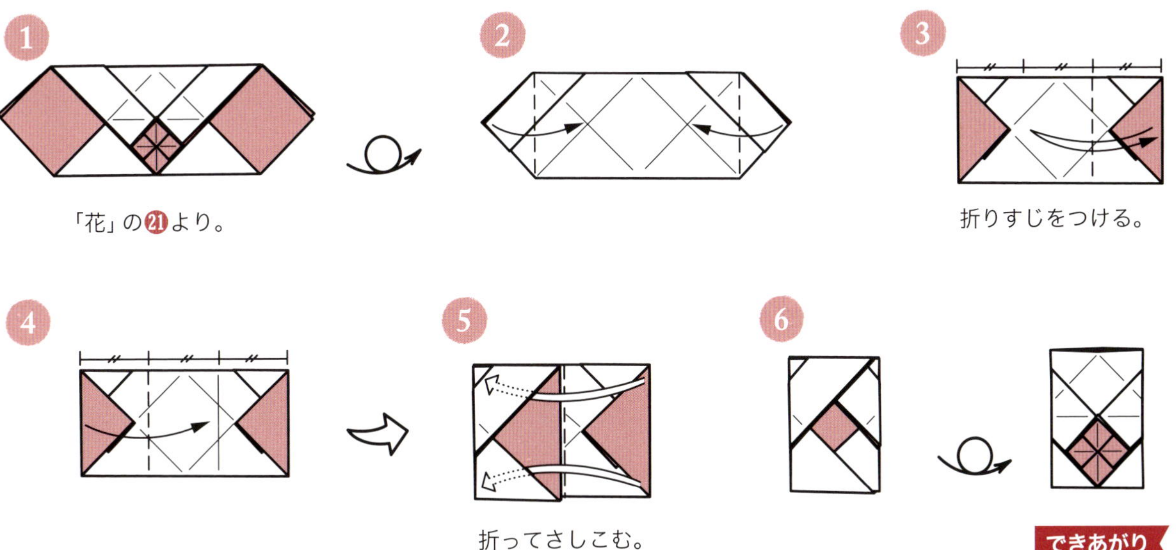

1
「花」の21より。
2
3
折りすじをつける。
4
5
折ってさしこむ。
6
できあがり

夏

カエル

写真 >> p.14

伝承作品の「ぴょんぴょんガエル」の応用で、袋のついたぴょんぴょんしないカエルができました。旅立つ人に「無事にカエル」祈りを込めたメッセージなどを背負わせて、渡してみてはいかがでしょう。他に「若返る」「お金が返る」「蘇る」などにも使えます。

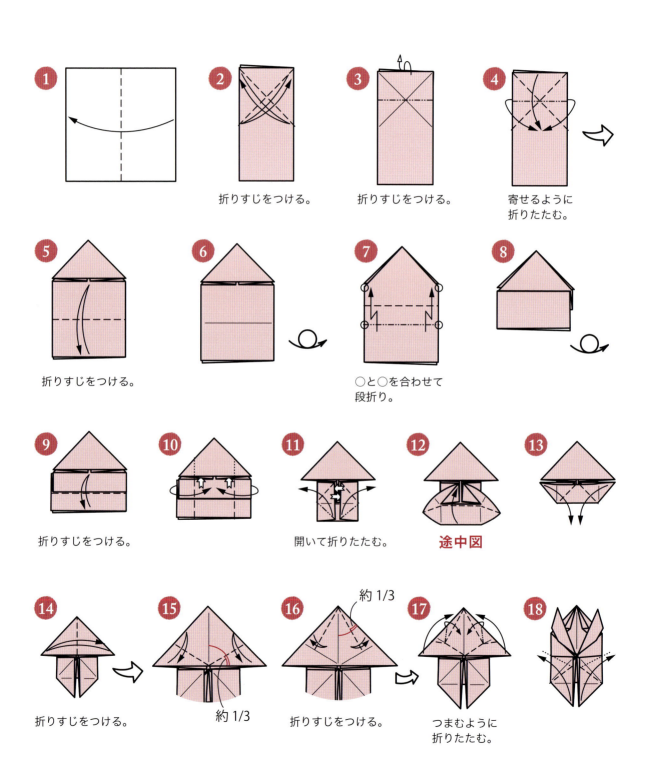

1

2 折りすじをつける。

3 折りすじをつける。

4 寄せるように折りたたむ。

5 折りすじをつける。

6

7 ○と○を合わせて段折り。

8

9 折りすじをつける。

10

11 開いて折りたたむ。

12 途中図

13

14 折りすじをつける。

15 約 1/3

16 約 1/3 折りすじをつける。

17 つまむように折りたたむ。

18

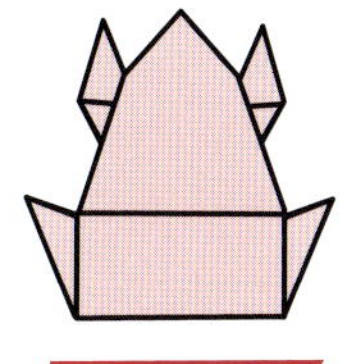

できあがり

Good
Luck☆

メッセージカードなどを入れると、いいですね。

バリエーション

ポケットのないカエルです。

「カエル」の5でこのように折り、9からと同じように折ります。

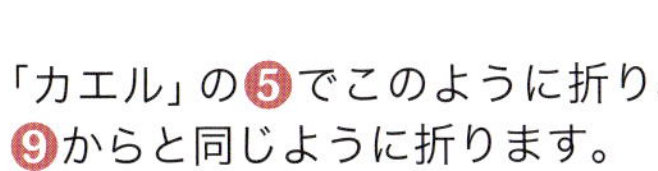

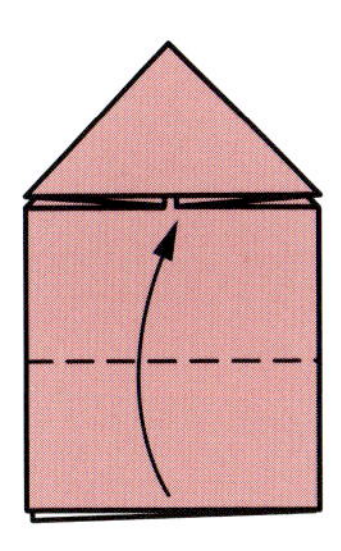

できあがり

参考作品

ぴょんぴょんガエル

ポケットつきの「カエル」のもとになった伝承の折り紙です。

1
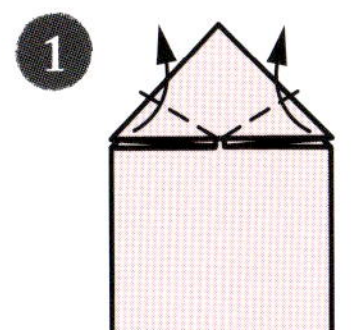

「カエル」の5までは同じ。

2

3
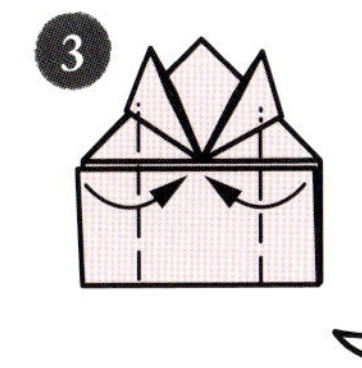

4

5

6
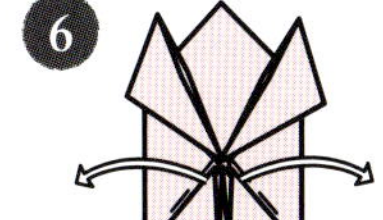

上の1枚だけひきだす。

7
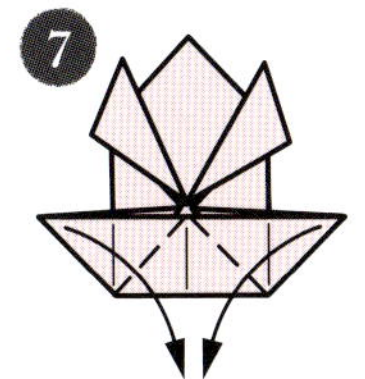

8
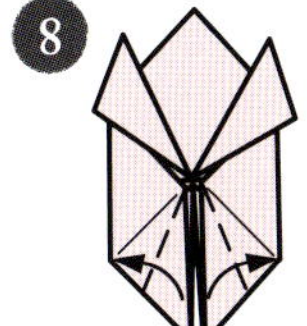

9

10
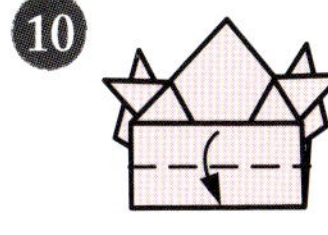

できあがり

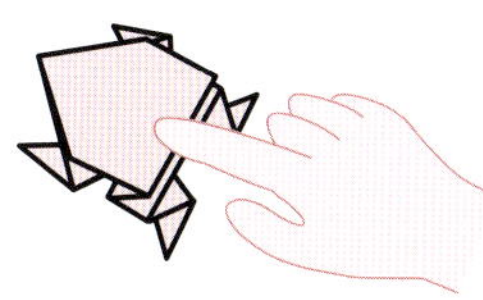

図のように指をおいてはじくと、ピョンと跳びます。

なすび

写真 >> p14、31

平面のままでもよいのですが、⑰のように中央を山折りして、ふくらみをもたせると、より立体的ななすびになります。夏の食卓の彩りに添えてみてはいかがでしょうか。

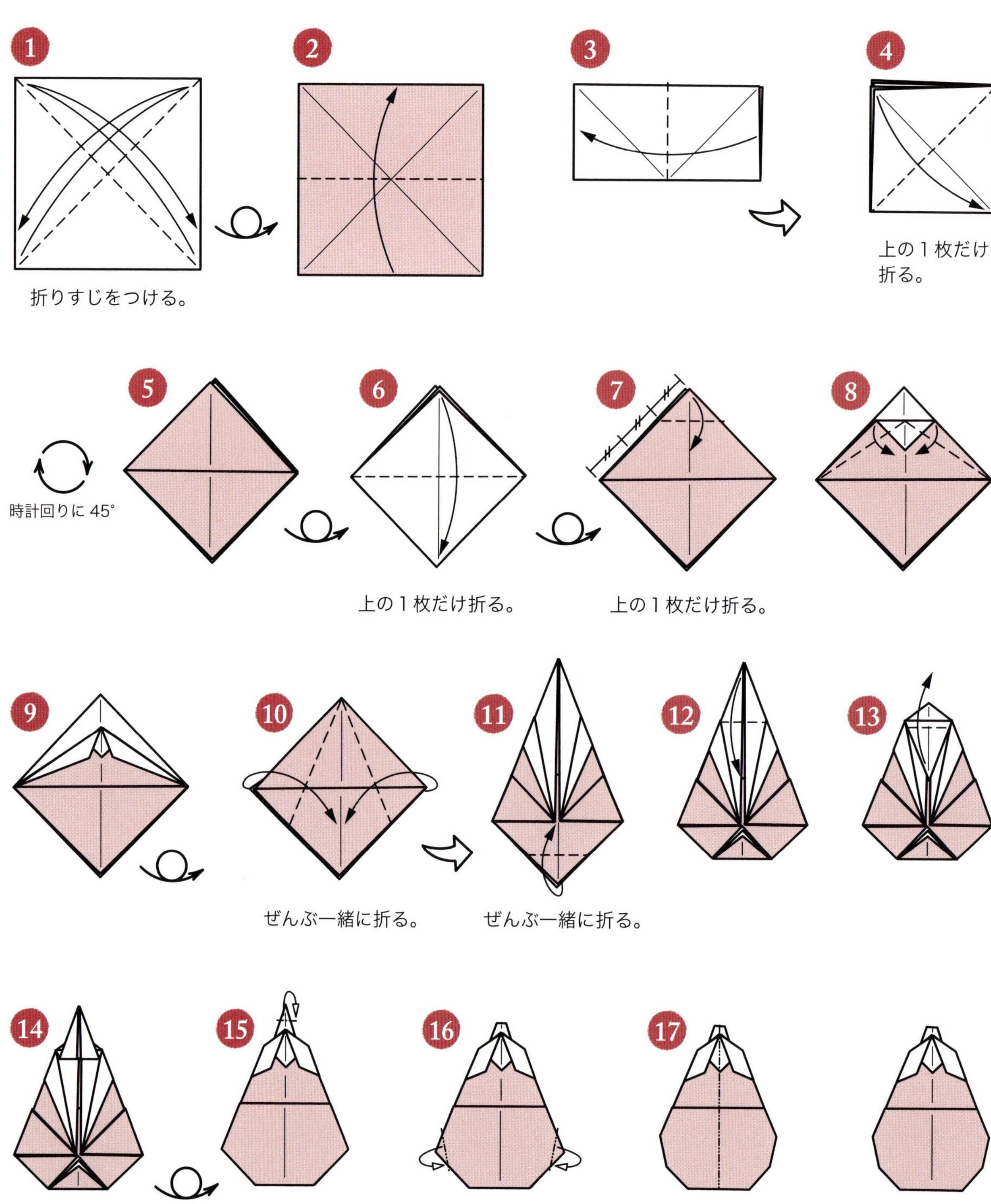
1
折りすじをつける。
2
3
4
上の1枚だけ
折る。
時計回りに 45°
5
6
上の1枚だけ折る。
7
上の1枚だけ折る。
8
9
10
ぜんぶ一緒に折る。
11
ぜんぶ一緒に折る。
12
13
14
15
16
17
中央を軽く山折り
してもよい。
できあがり

すいか　写真 >> p.14

赤と緑の両面折り紙で折ると普通のすいかに、黄色と緑の紙で折ると黄色いすいかになります。
テーブルに立てて置くこともできます。

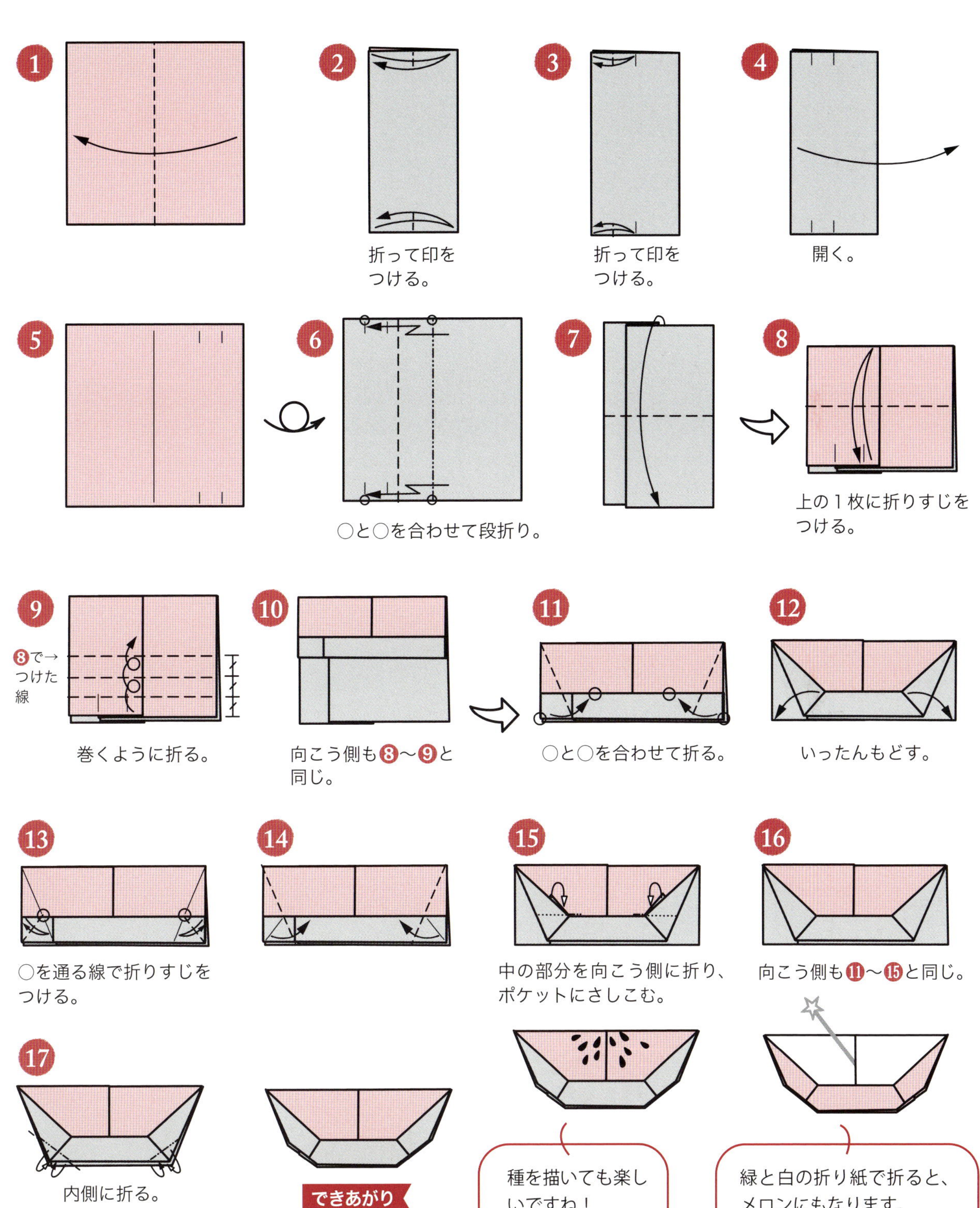
1
2
折って印をつける。
3
折って印をつける。
4
開く。
5
6
○と○を合わせて段折り。
7
8
上の1枚に折りすじをつける。
9
8でつけた線
巻くように折る。
10
向こう側も8〜9と同じ。
11
○と○を合わせて折る。
12
いったんもどす。
13
○を通る線で折りすじをつける。
14
15
中の部分を向こう側に折り、ポケットにさしこむ。
16
向こう側も11〜15と同じ。
17
内側に折る。
できあがり
種を描いても楽しいですね！
緑と白の折り紙で折ると、メロンにもなります。

アイスクリーム

写真 >> p.7、15

アイスクリームのミニスプーンを入れると、かわいいですよ！
クリームの部分にイチゴやチョコなど、好きなアイスの色の紙を貼っても楽しめます。

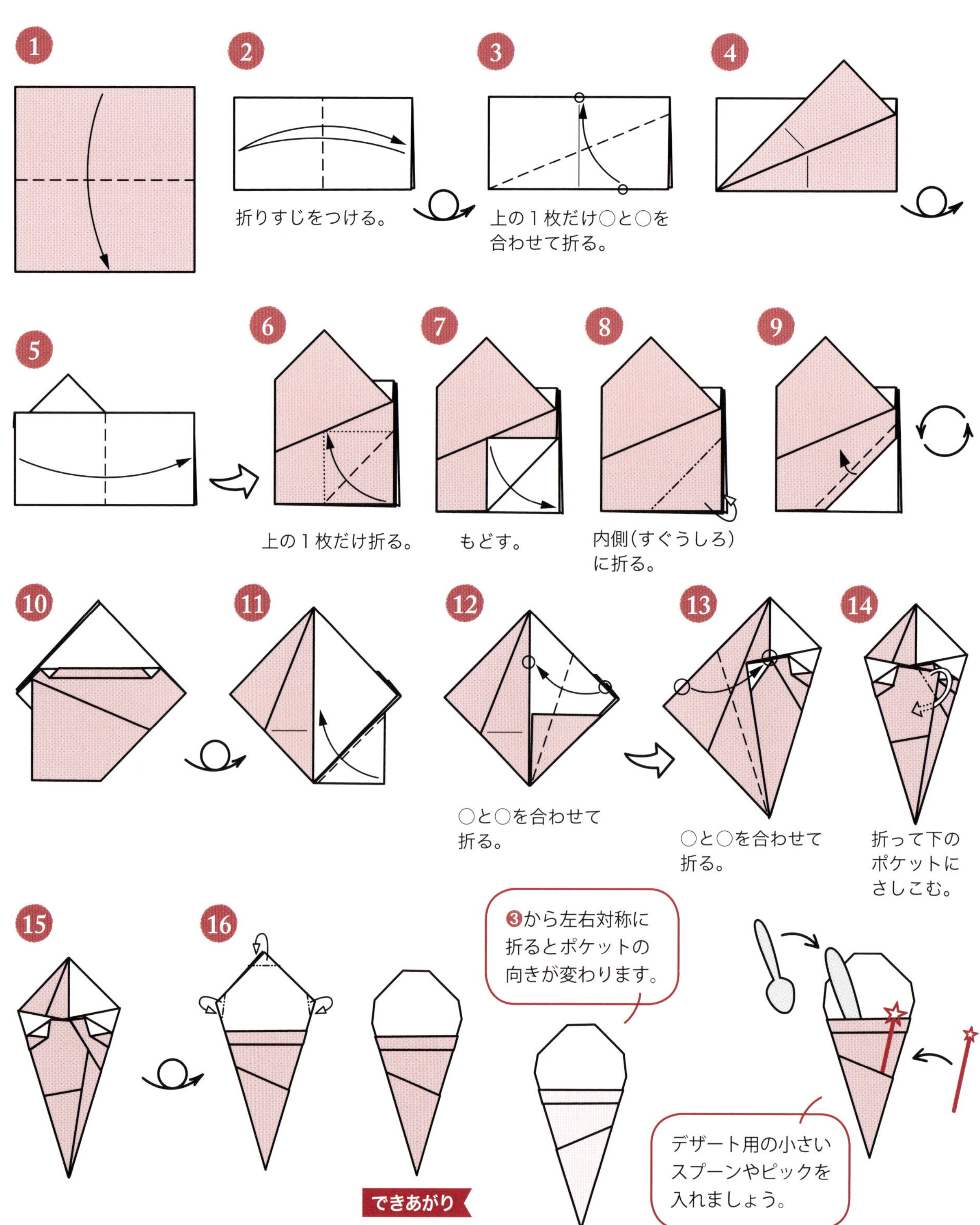
1
2
折りすじをつける。
3
上の1枚だけ○と○を合わせて折る。
4
5
6
上の1枚だけ折る。
7
もどす。
8
内側（すぐうしろ）に折る。
9
10
11
12
○と○を合わせて折る。
13
○と○を合わせて折る。
14
折って下のポケットにさしこむ。
15
16
できあがり
❸から左右対称に折るとポケットの向きが変わります。
デザート用の小さいスプーンやピックを入れましょう。

ヨット

写真 ›› p.9、15

伝承作品の「にそうぶね」に帆をつけた形のヨットです。
帆の部分にはメモなどをさしこむことができます。
舟の部分に小さな雑貨やお菓子を置くと、重しにもなります。

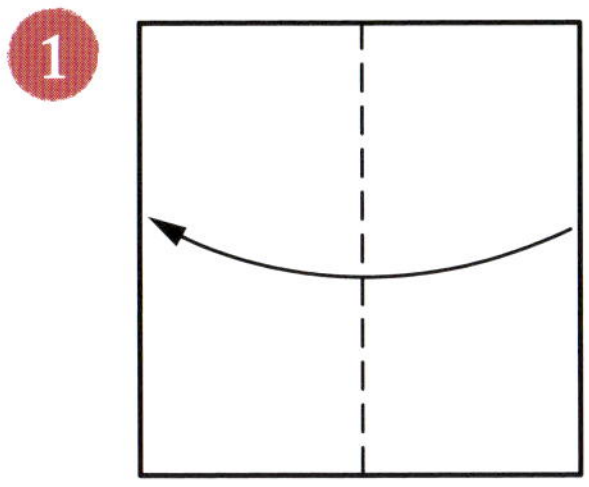

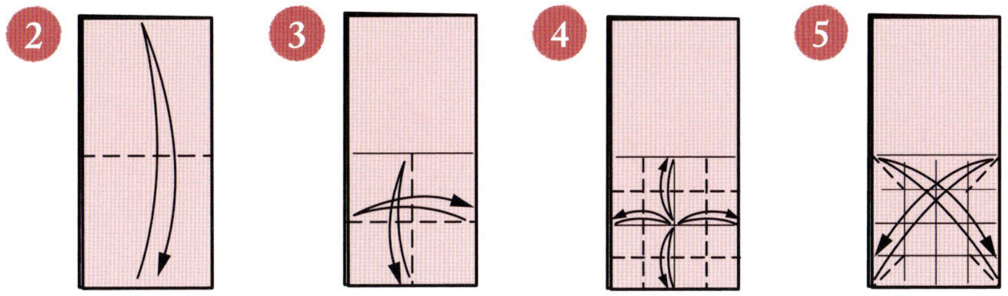

1

2 折りすじをつける。

3 折りすじをつける。

4 折りすじをつける。

5 折りすじをつける。

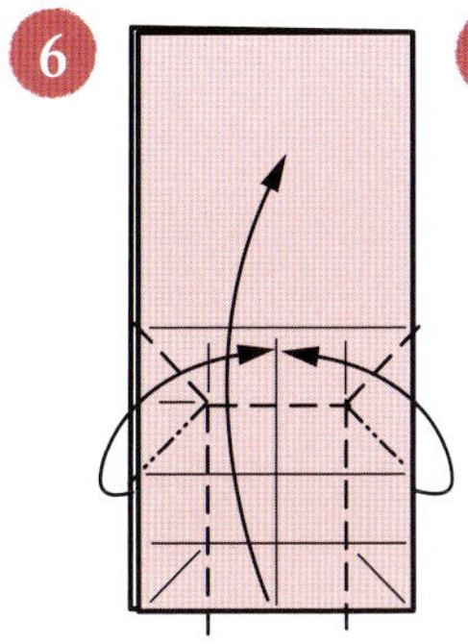

6 寄せるように折りたたむ。

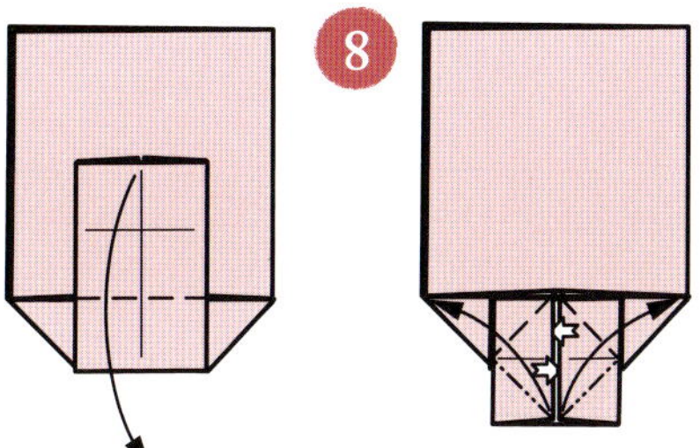

7

8 開いて折りたたむ。

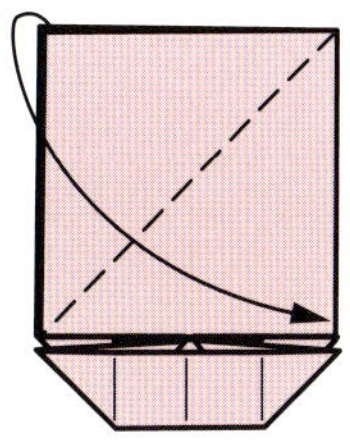

9 2枚一緒に折る。

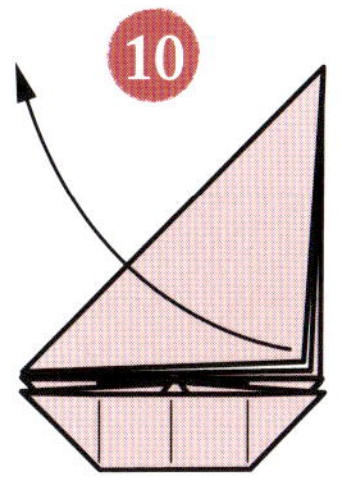

10 1枚もどす。

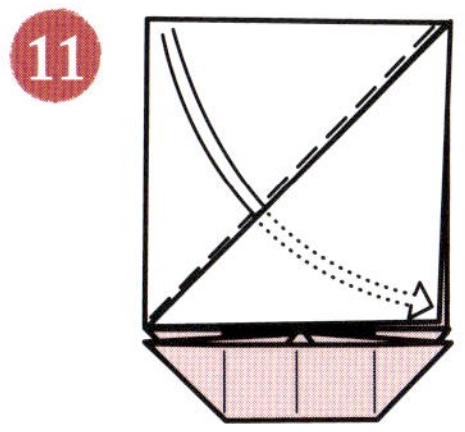

11 折ってさしこむ。

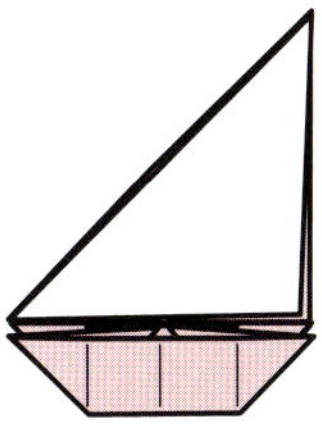

できあがり

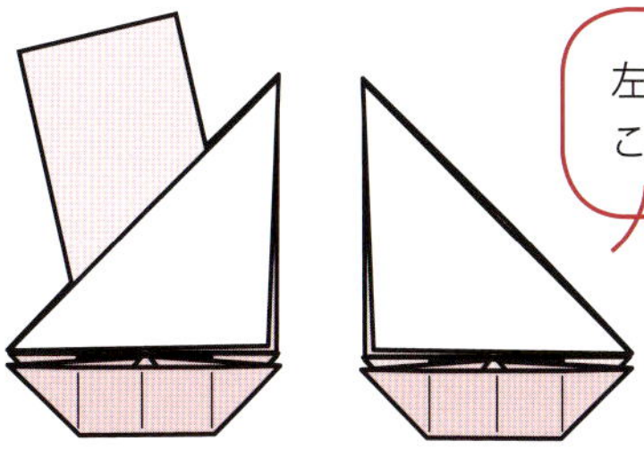

左右対称にすることもできます。

バリエーション

ヨットの帆が2色になります。

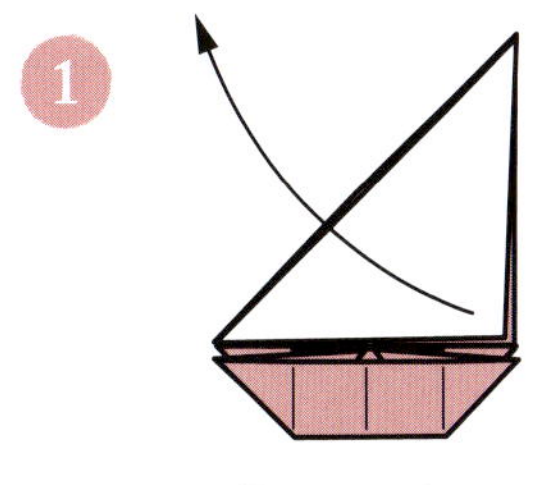

1 上の「できあがり」より。もどす。

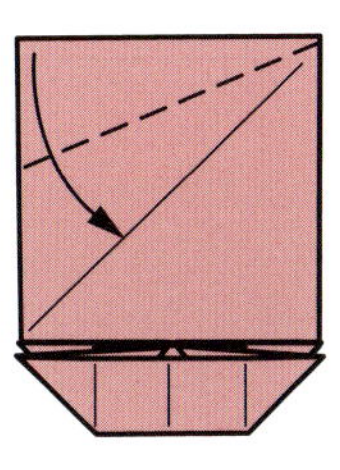

2

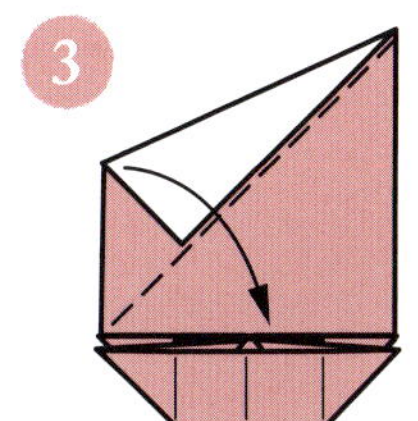

3

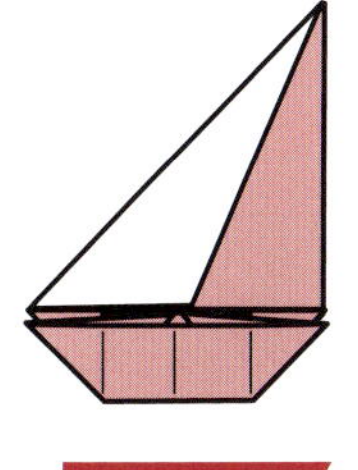

できあがり

ペンギン

写真 >> p.7、15

ペンギンのかわいい足を表現することができました。
体のバランスが、皇帝ペンギンのヒナと同じになっています。
いろんな大きさの紙で折って、いろんな物を持たせてあげてくださいね。

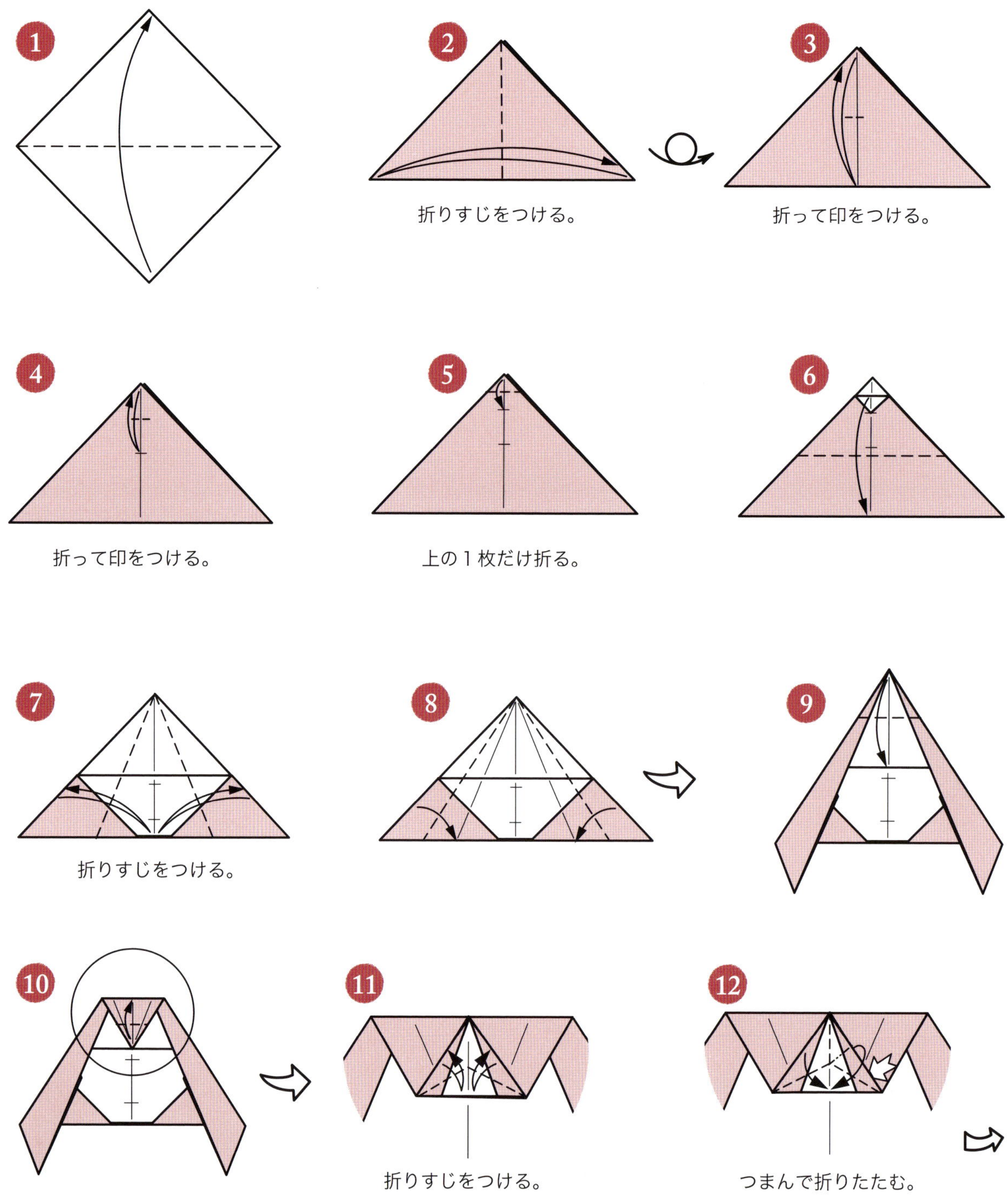
1
2
折りすじをつける。
3
折って印をつける。
4
折って印をつける。
5
上の１枚だけ折る。
6
7
折りすじをつける。
8
9
10
11
折りすじをつける。
12
つまんで折りたたむ。

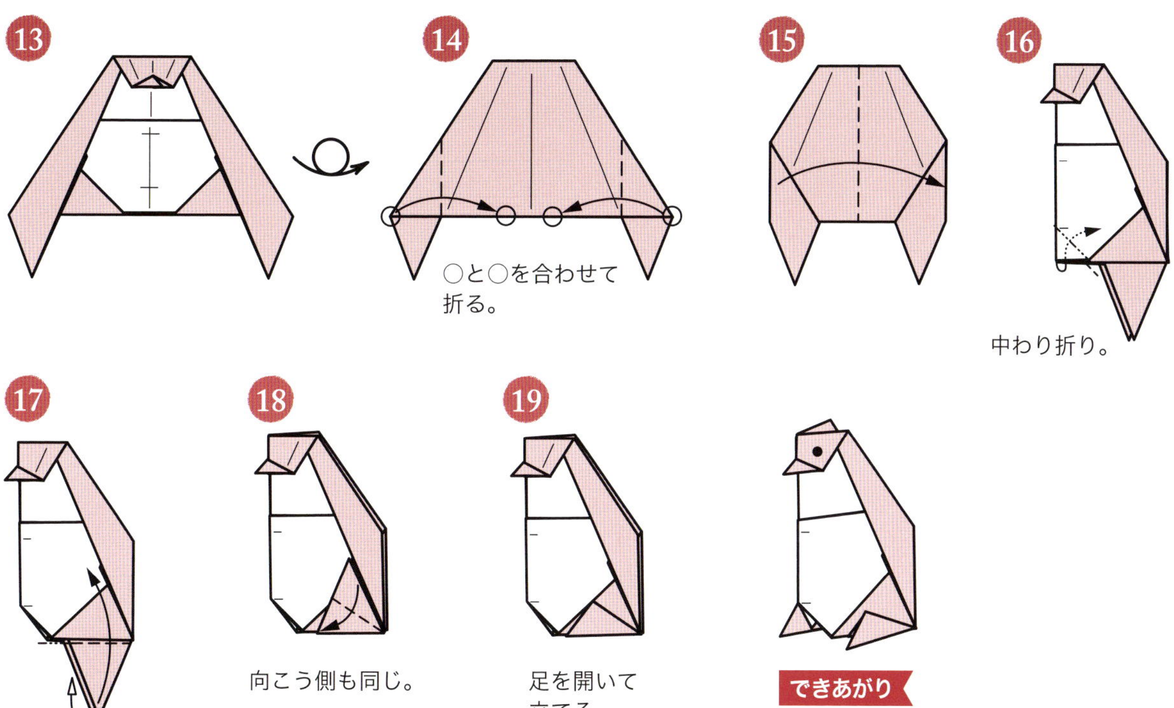
13
14
15
16
○と○を合わせて
折る。
中わり折り。
17
18
19
向こう側も同じ。
足を開いて
立てる。
できあがり

バリエーション

ポケットの深さは変えることができます。
浅くしたい場合の折り方をご紹介します。

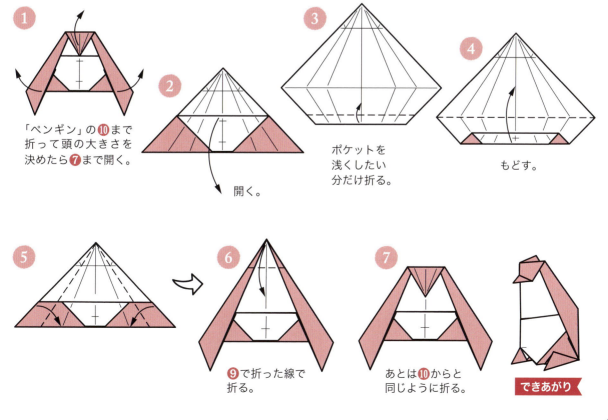

1

「ペンギン」の⑩まで折って頭の大きさを決めたら⑦まで開く。

2

開く。

3

ポケットを浅くしたい分だけ折る。

4

もどす。

5

6

⑨で折った線で折る。

7

あとは⑩からと同じように折る。

できあがり

ひょうたん

写真 >> p.16、31

「ようじ入れ」を作りはじめるきっかけとなった作品です。
ちりめん細工でできた作品がヒントになりました。
折りが少し込み入ったところもありますが、一折り一折り、
ていねいに折っていきましょう。

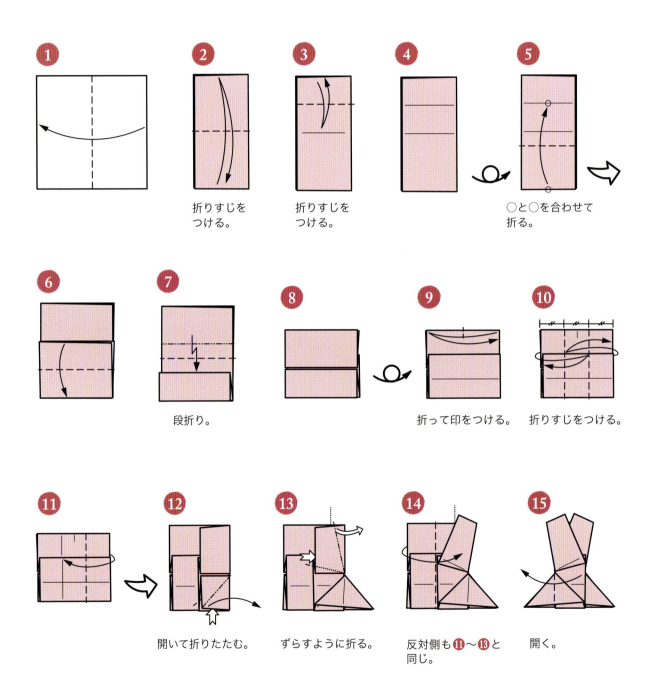

1

2 折りすじをつける。

3 折りすじをつける。

4

5 ○と○を合わせて折る。

6

7 段折り。

8

9 折って印をつける。

10 折りすじをつける。

11

12 開いて折りたたむ。

13 ずらすように折る。

14 反対側も11〜13と同じ。

15 開く。

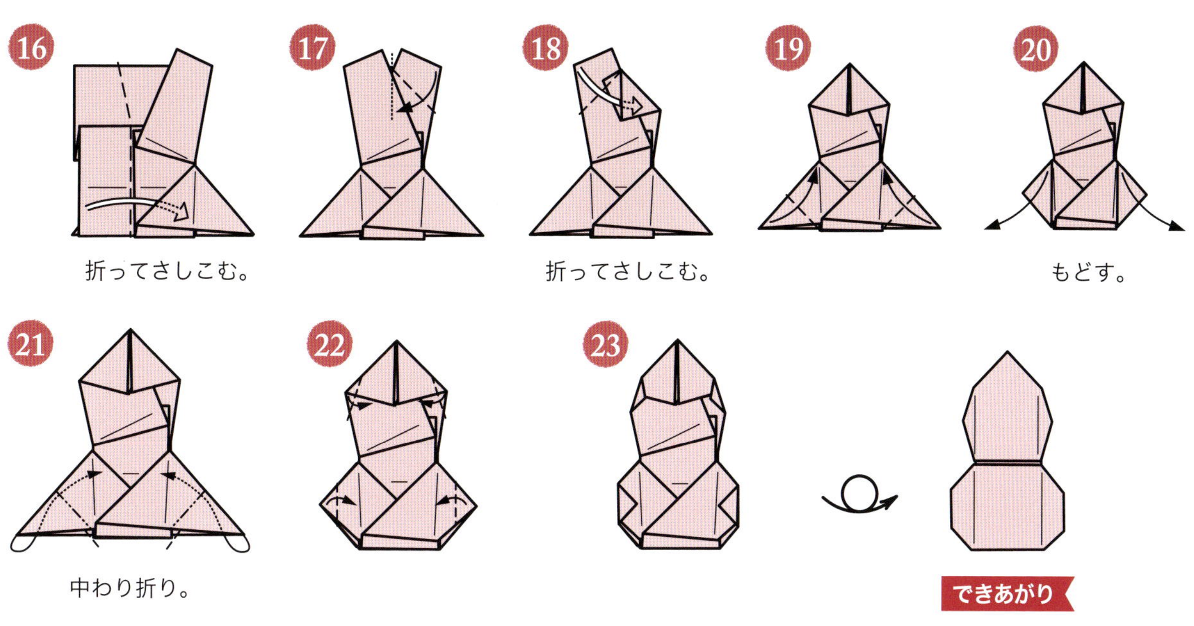
16
折ってさしこむ。
17
18
折ってさしこむ。
19
20
もどす。
21
中わり折り。
22
23
できあがり

バリエーション 1

和紙など厚めの紙で折る場合は、1/2 に切った紙を使うとよいでしょう。

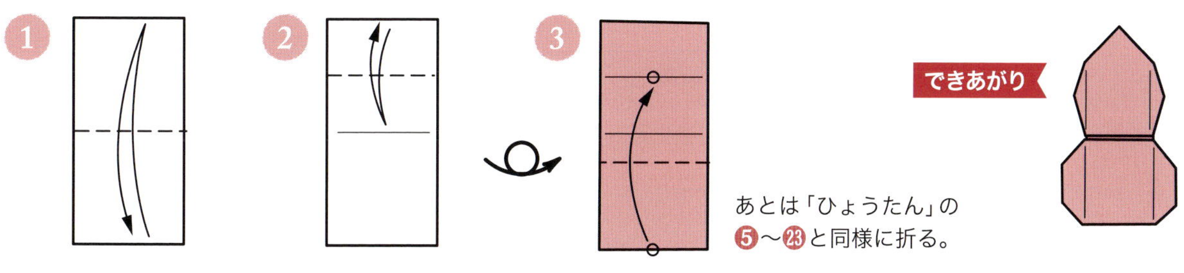
1
2
3
あとは「ひょうたん」の
5～23と同様に折る。
できあがり

バリエーション 2

ちょっと細めのひょうたんです。
厚い紙の場合は 1/3 に折った紙を使うとよいでしょう。

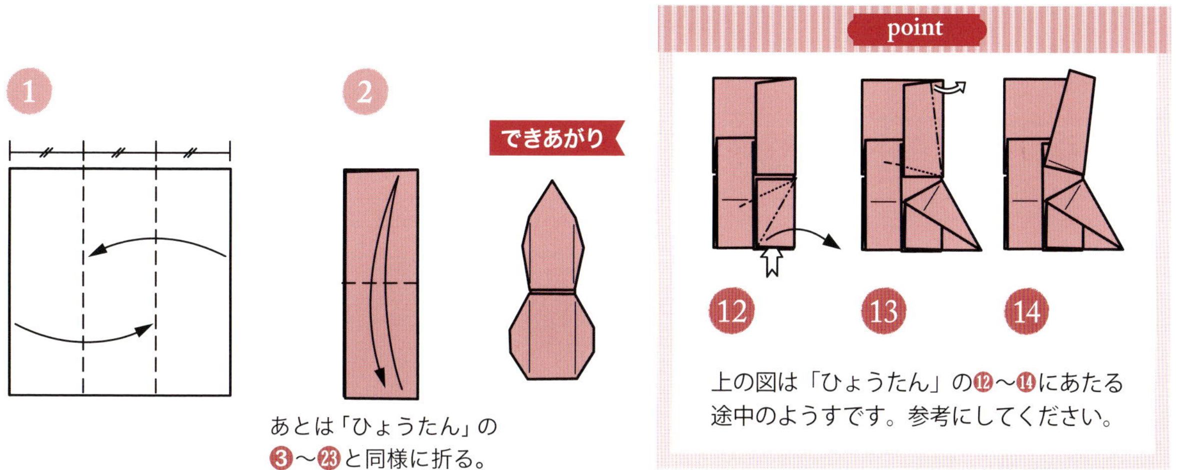
1
2
あとは「ひょうたん」の
3～23と同様に折る。
できあがり
point
12
13
14
上の図は「ひょうたん」の12～14にあたる
途中のようすです。参考にしてください。

松茸(まつたけ)

写真 >> p.17

秋の食卓に松茸がのぼることはめったになくなりましたが、代わりにこれを折って食卓を飾ってはいかがでしょう。
半分の紙で折るバリエーション作品は、かさの開いていないタイプも作れます。

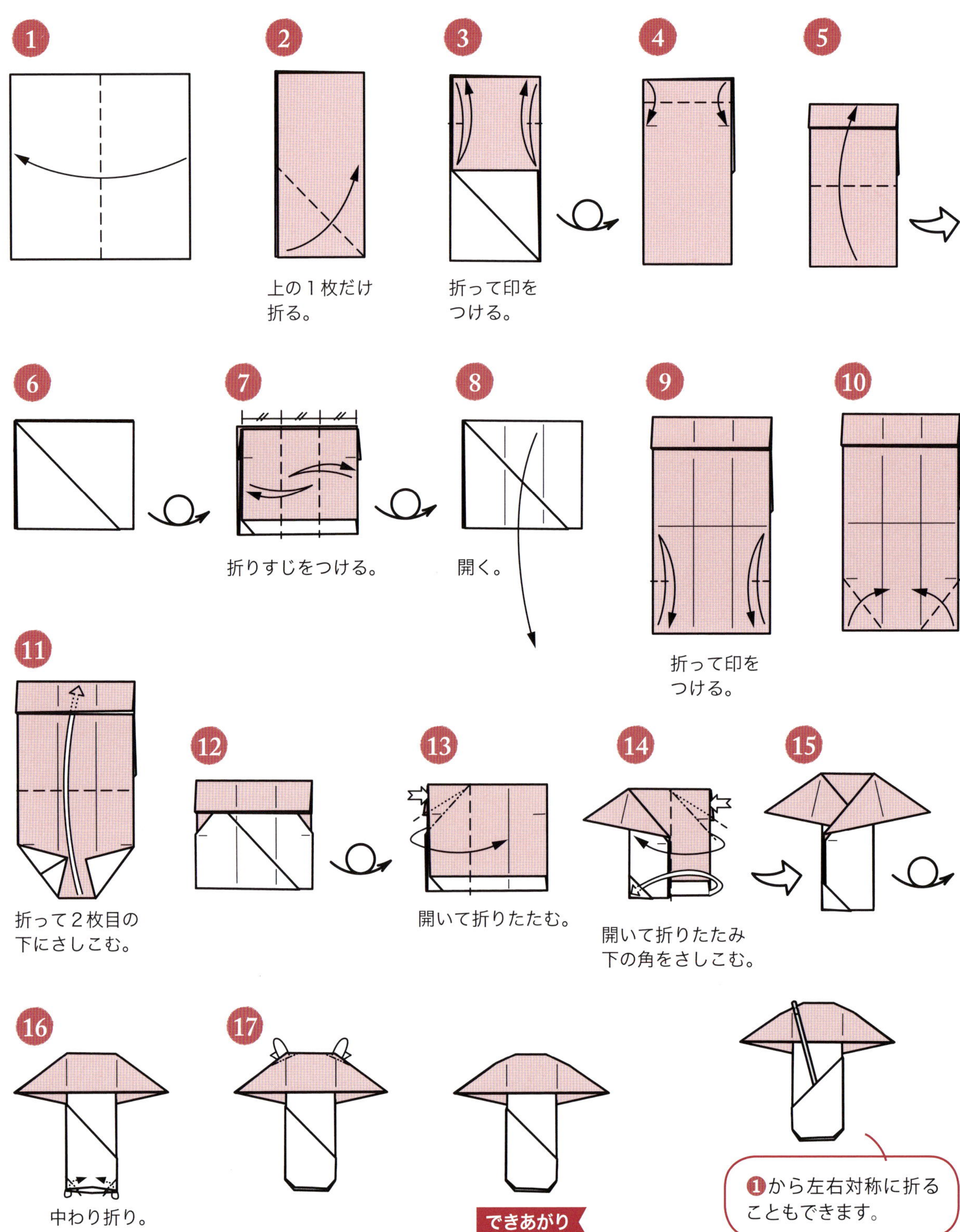
1
2
上の１枚だけ折る。
3
折って印をつける。
4
5
6
7
折りすじをつける。
8
開く。
9
折って印をつける。
10
11
折って２枚目の下にさしこむ。
12
13
開いて折りたたむ。
14
開いて折りたたみ下の角をさしこむ。
15
16
中わり折り。
17
できあがり
❶から左右対称に折ることもできます。

バリエーション 1　正方形を 1/2 に切った紙で作ります。

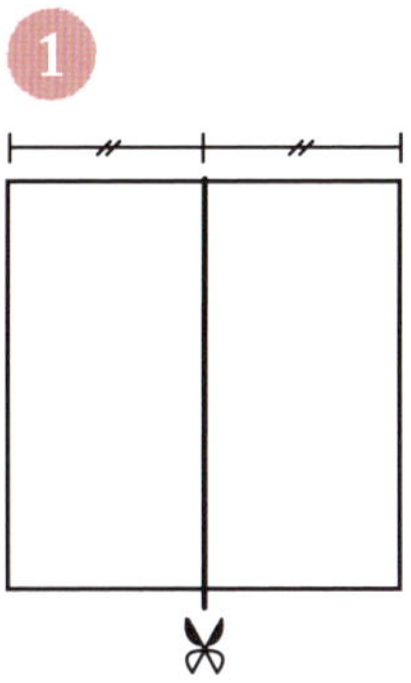

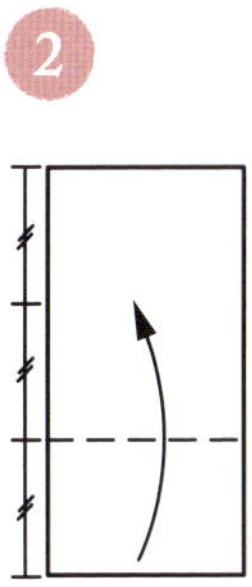

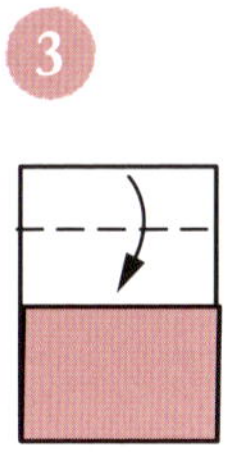

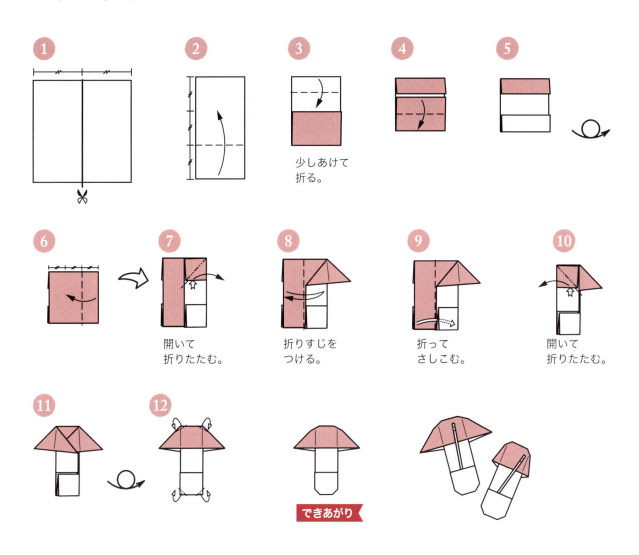

1

2

3

少しあけて
折る。

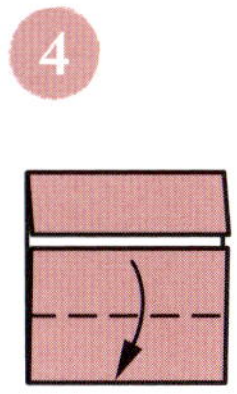

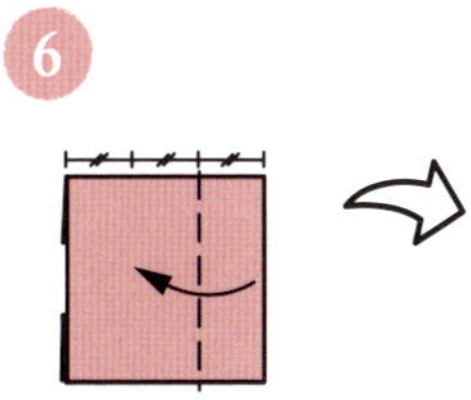

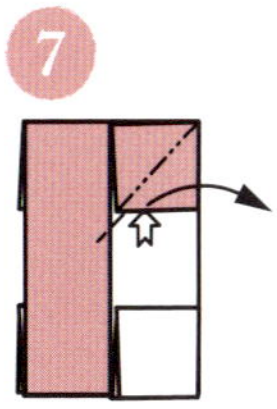

4

5

6

7

開いて
折りたたむ。

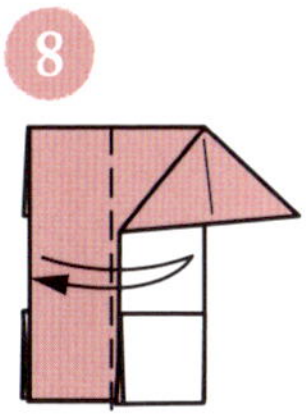

8

折りすじを
つける。

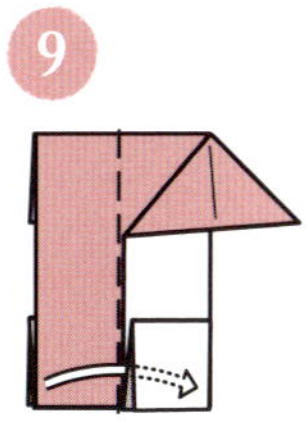

9

折って
さしこむ。

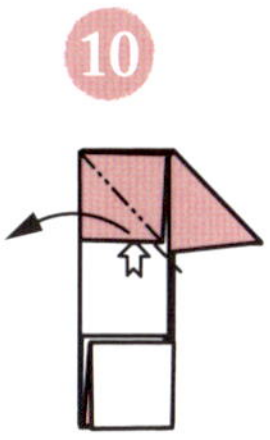

10

開いて
折りたたむ。

11

12

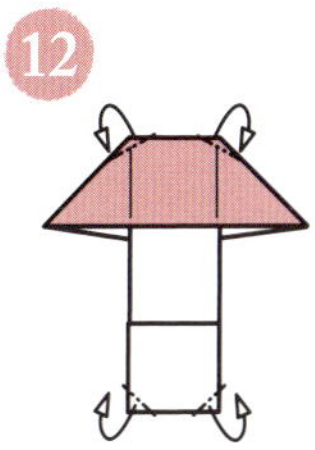

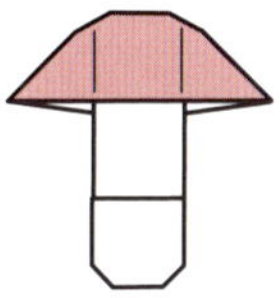

できあがり

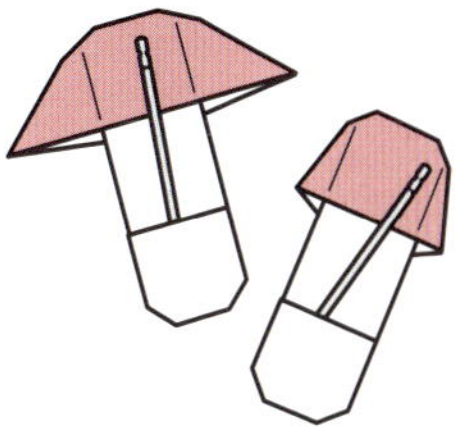

バリエーション 2　正方形を 1/2 に切った紙で作る、かさが開いていないタイプの松茸です。

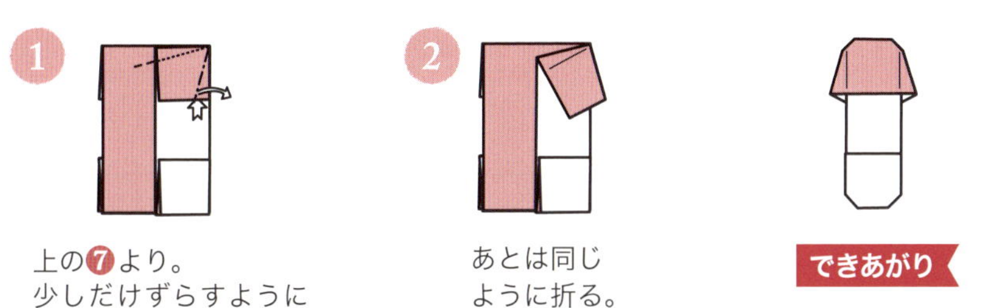

1

上の❼より。
少しだけずらすように
折る。

2

あとは同じ
ように折る。

できあがり

銀杏（いちょう）

写真 >> p.17

秋の食卓やお茶の席に黒文字や、ようじを入れて置いてみて下さい。
❻〜❾は「沈め折り」という折り方ですが、❹〜❺の段階でしっかりと折りすじをつけておくと、きれいにできます。

1

2

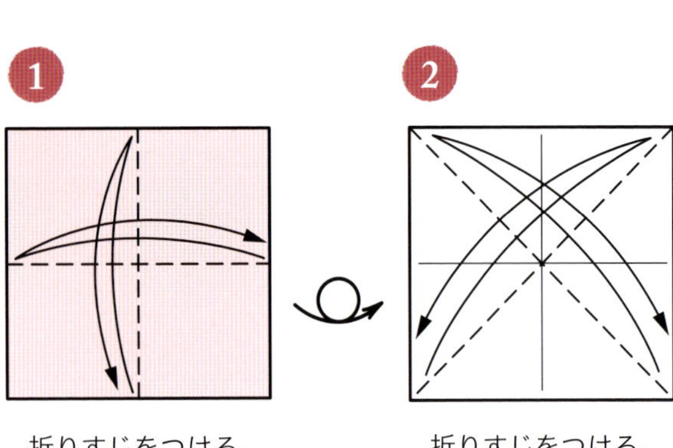

1 折りすじをつける。

2 折りすじをつける。

3

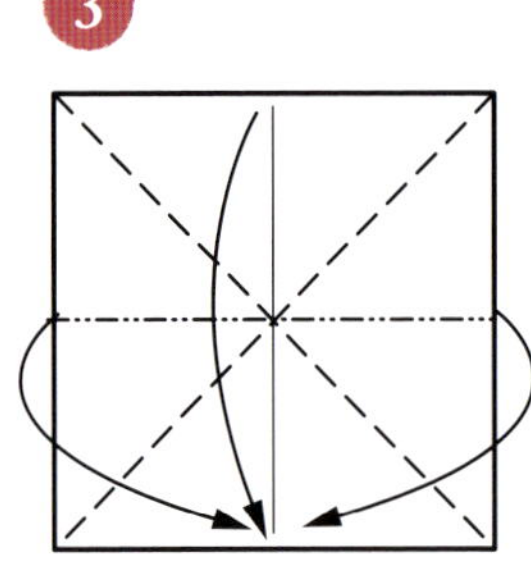

❶〜❷でつけた折りすじを使い、真ん中をへこませて折りたたむ。

4

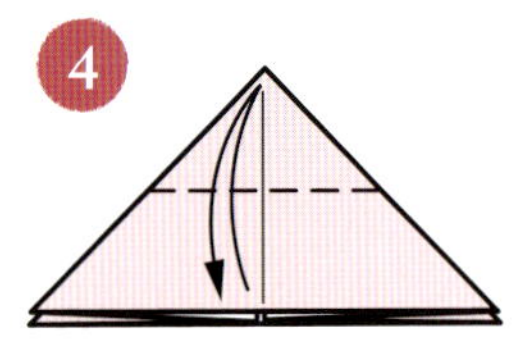

折りすじをつける。

5

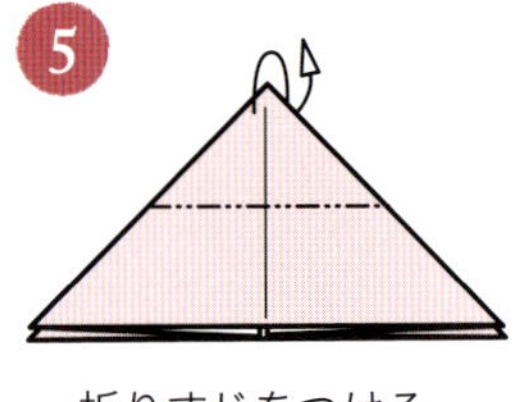

折りすじをつける。

6

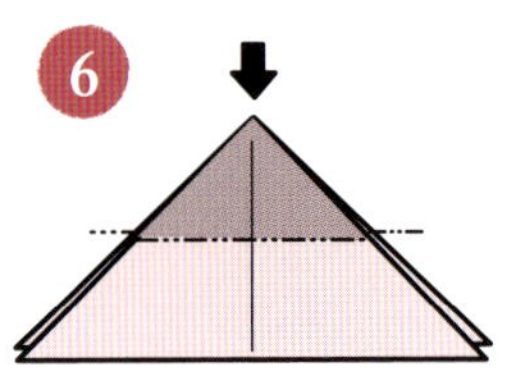

▲の部分を中に押しこむ。

7

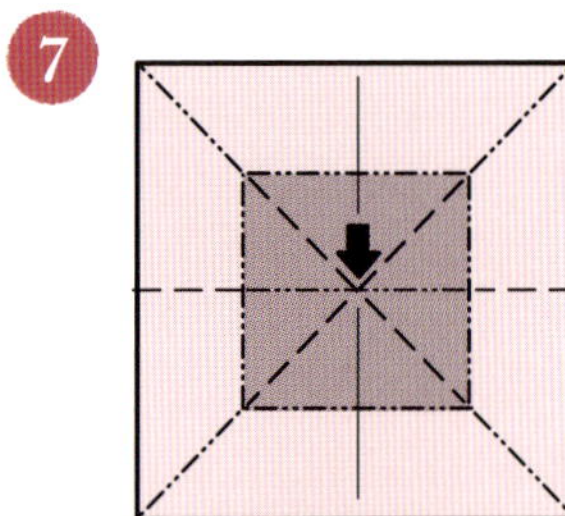

展開図

point

一度このように開いてから折りたたみ直すと、きれいに「沈め折り」ができます。

8

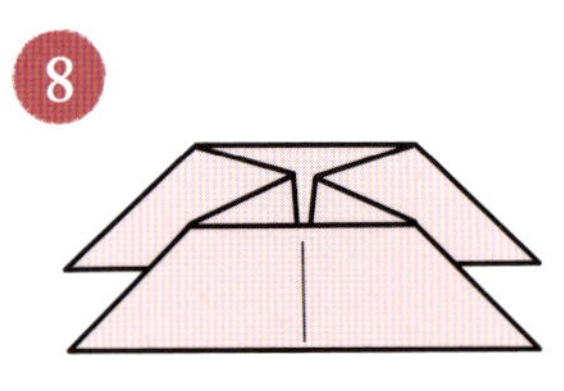

途中図

9

10

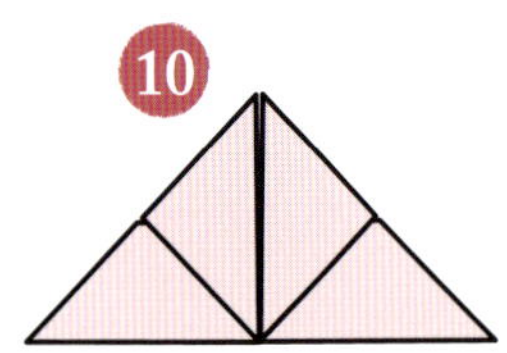

11

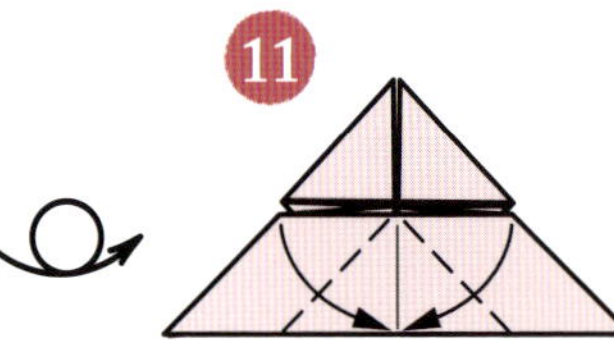

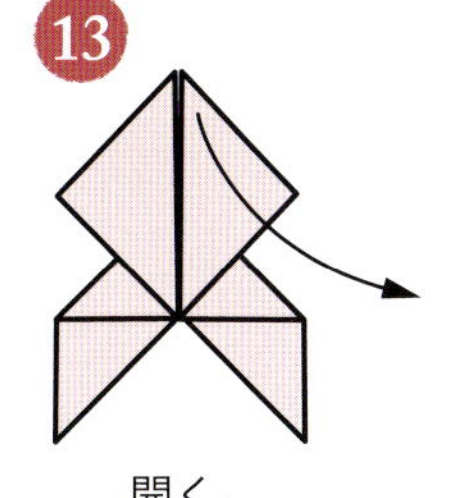

開く。

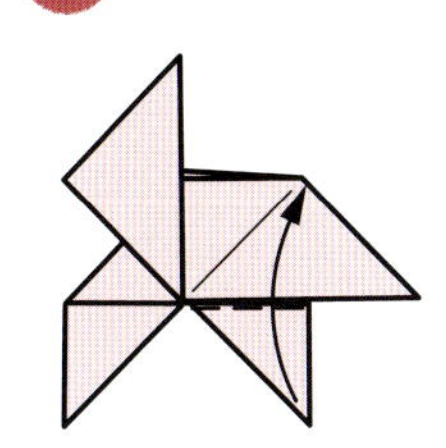

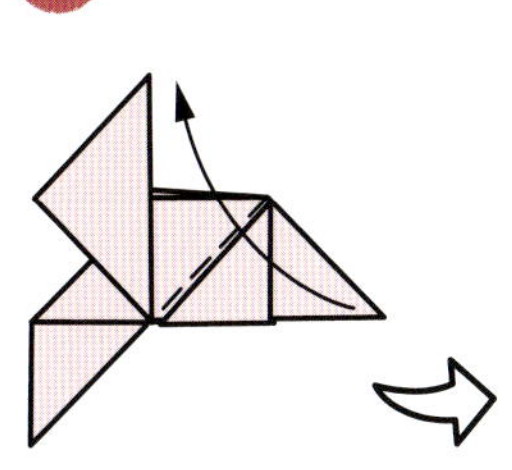

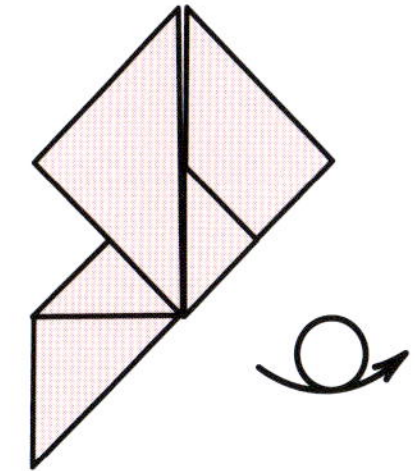

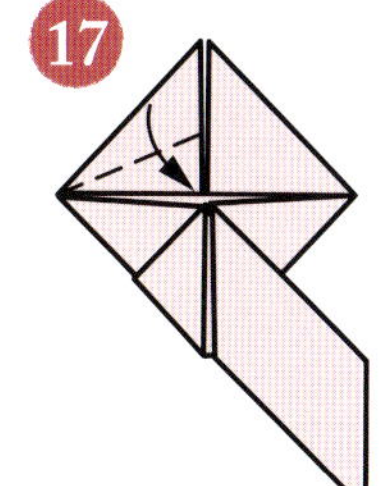

反対側も⑰〜⑱と
同様に折る。

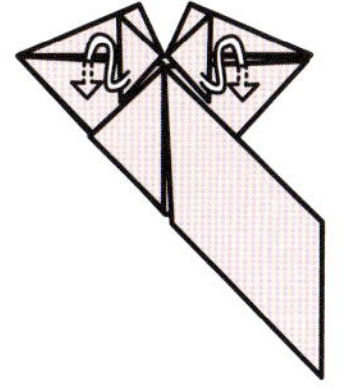

1 枚目の下に
さしこむ。

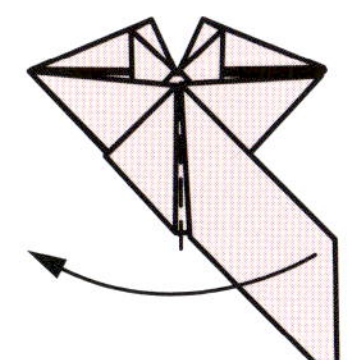

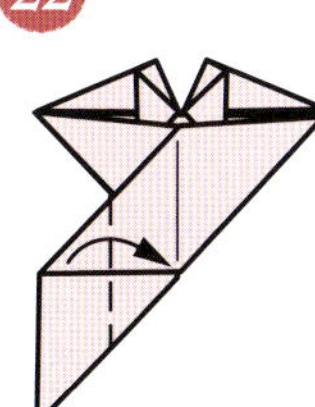

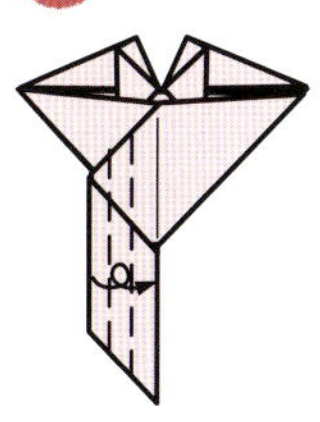

1/3 に巻くように
折る。

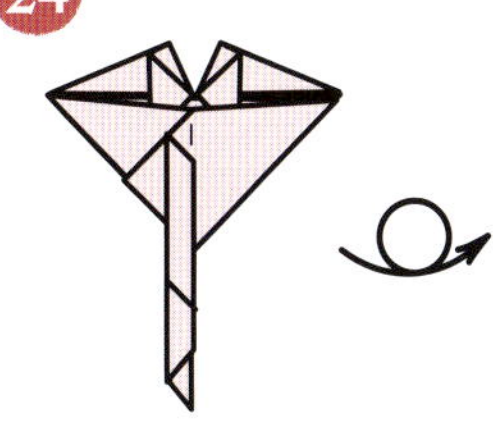

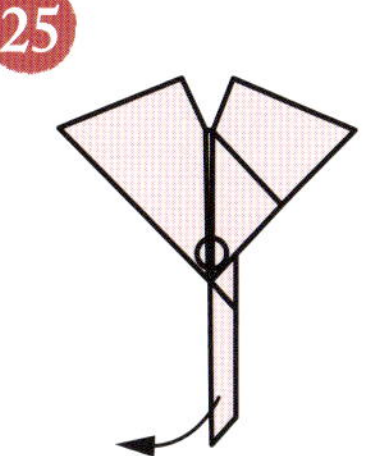

葉の軸を○印の
つけ根のあたりで
カールさせる。

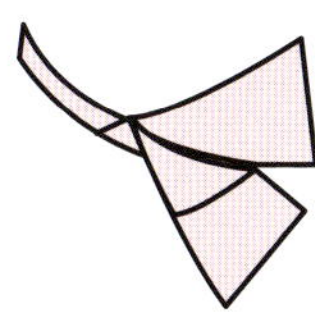

できあがり

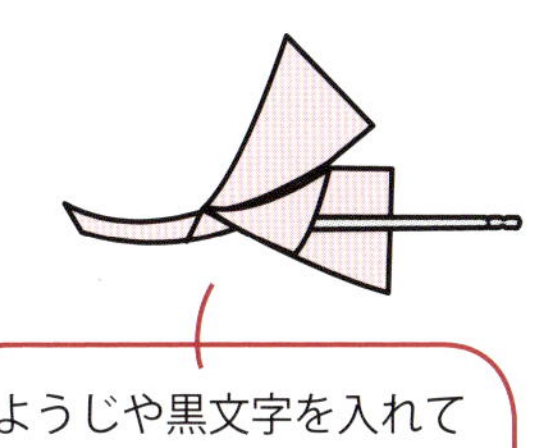

ようじや黒文字を入れて
和菓子に添えて…。
箸置きとしても使えます。

雪だるま

写真 >> p.19

おなかのポケットに、ようじや小枝を差し込むと雰囲気が出ます。
伝承作品の「コップ」の帽子をかぶせてあげてくださいね。

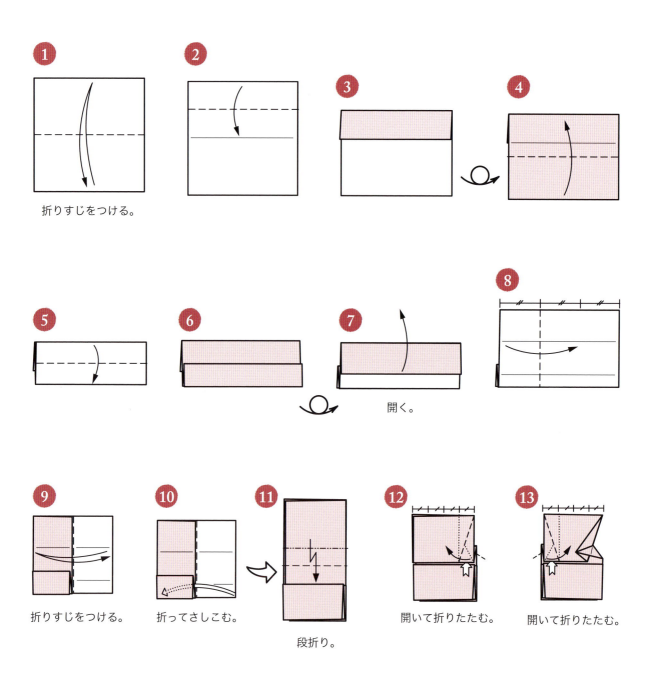

1 折りすじをつける。

2

3

4

5

6

7 開く。

8

9 折りすじをつける。

10 折ってさしこむ。

11 段折り。

12 開いて折りたたむ。

13 開いて折りたたむ。

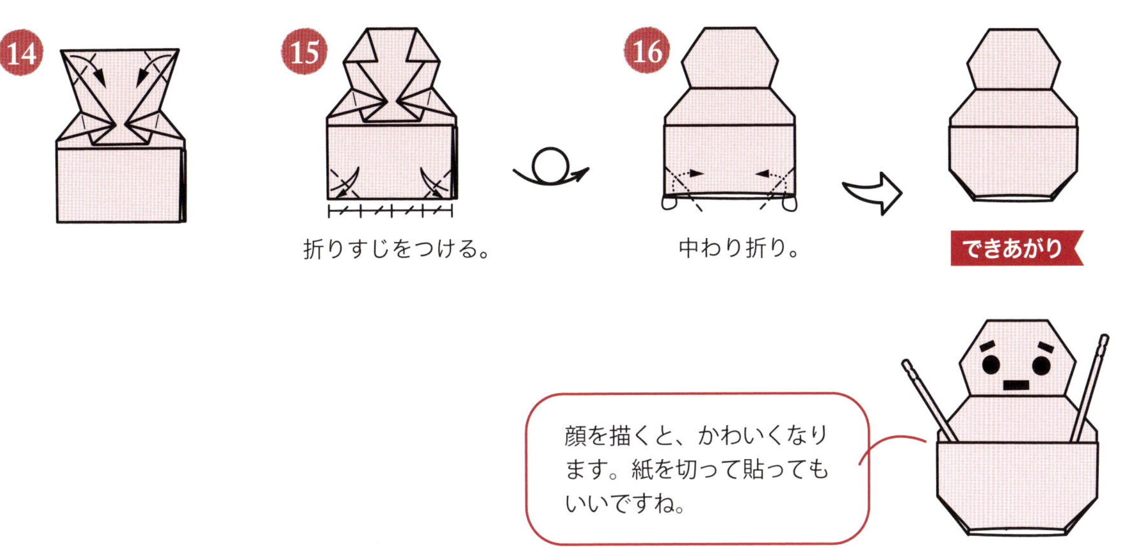
14
15
折りすじをつける。
16
中わり折り。
できあがり

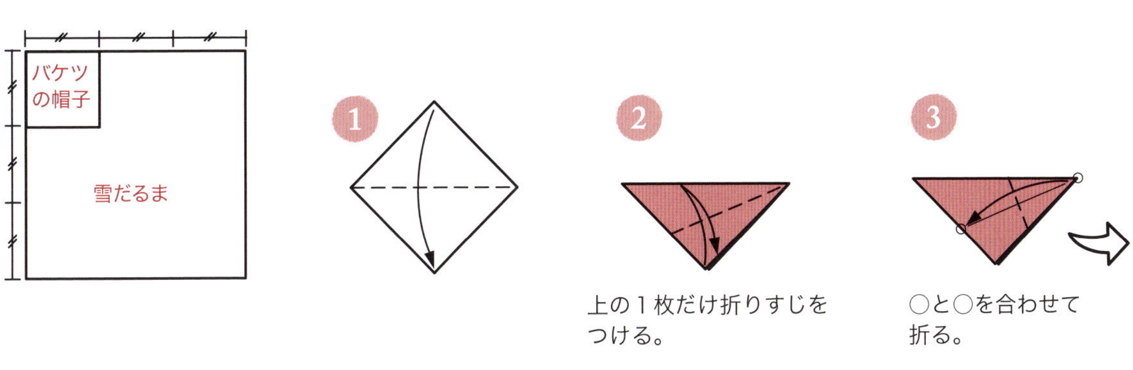
顔を描くと、かわいくなります。紙を切って貼ってもいいですね。

バケツの帽子（伝承作品「コップ」の応用）

縦横とも「雪だるま」の 1/3 の長さの紙で折りましょう。

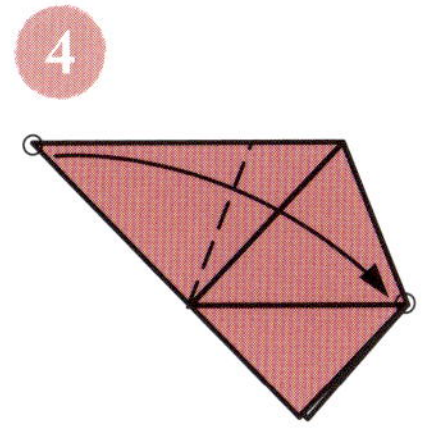
バケツの帽子
雪だるま

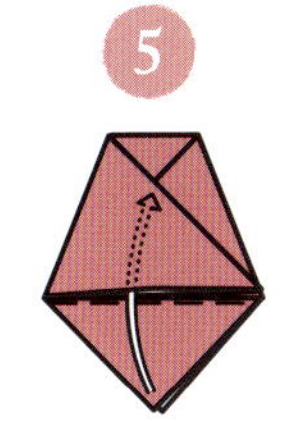
1

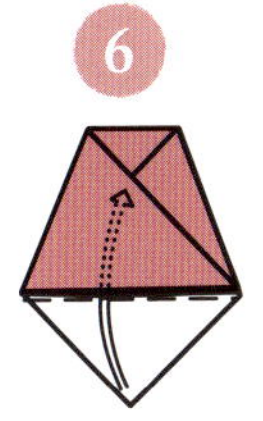
2

上の１枚だけ折りすじをつける。

3

○と○を合わせて折る。

4

○と○を合わせて折る。

5

上の１枚を折ってポケットにさしこむ。

6

折ってすぐ前にさしこむ。

7

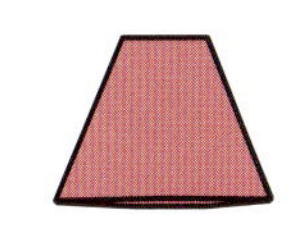
できあがり

雪だるまにかぶせましょう！

サンタクロース 写真 >> p.18、19

おなかのポケットの他に、背中にかついだ袋にもポケットがあります。
平面のままでカードに貼ったり、立たせて使ったり、袋の向きを変えたり、
いろんなバリエーションが楽しめますよ！

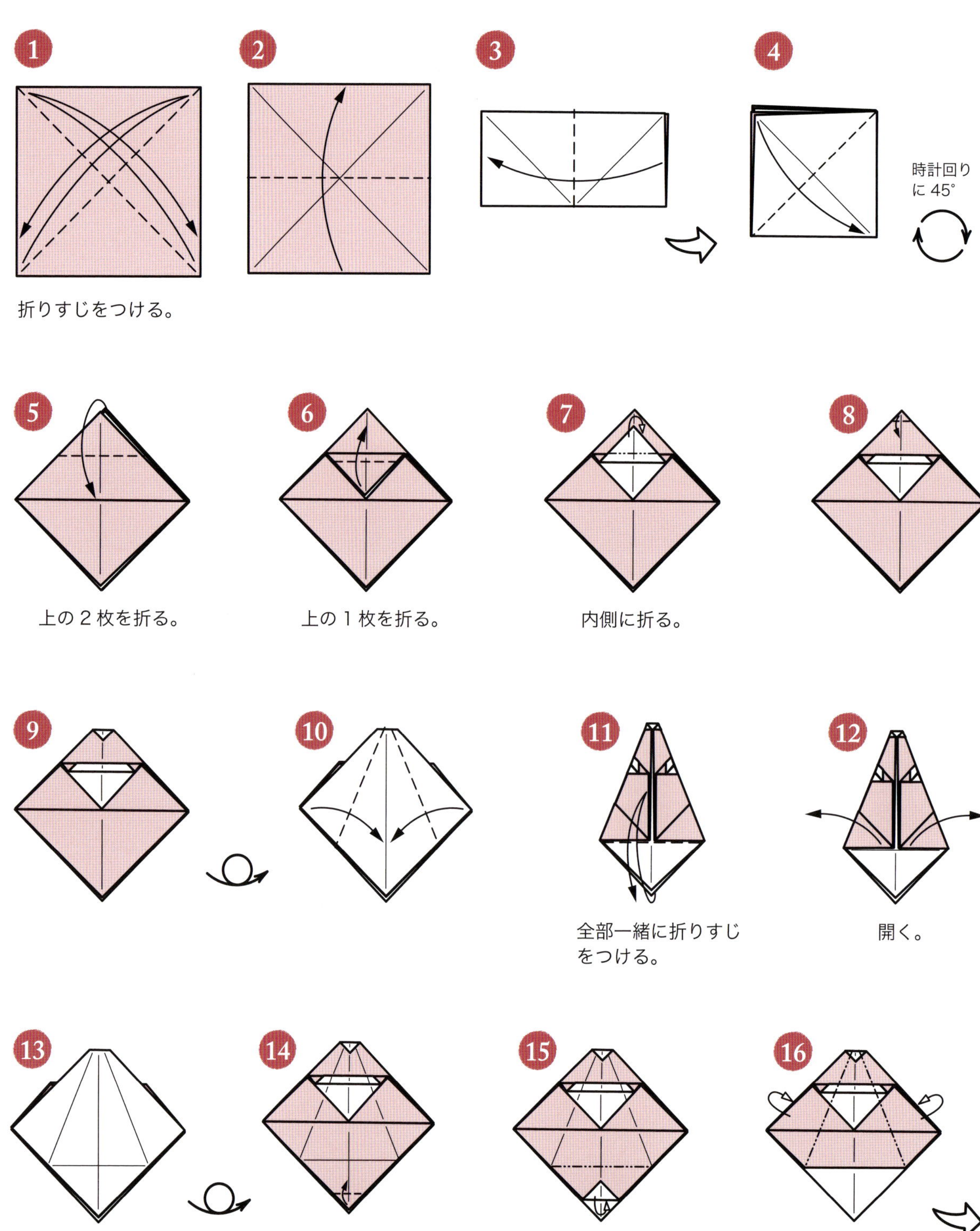
1
2
3
4
時計回り
に 45°
折りすじをつける。
5
6
7
8
上の 2 枚を折る。
上の 1 枚を折る。
内側に折る。
9
10
11
12
全部一緒に折りすじ
をつける。
開く。
13
14
15
16
上の 1 枚を折る。
内側に折る。

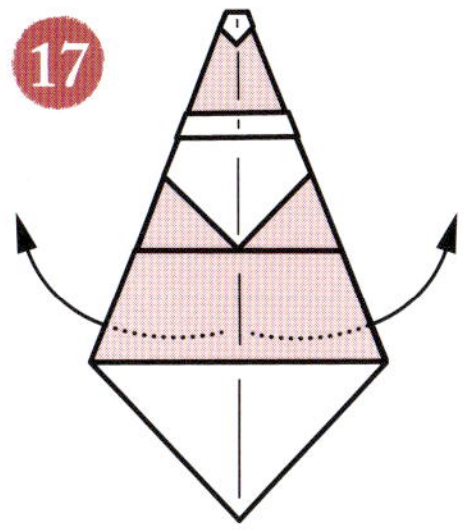

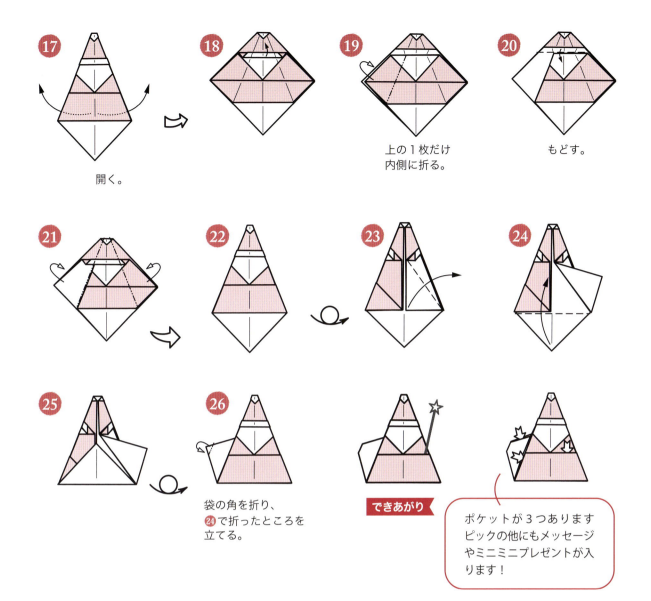

17

開く。

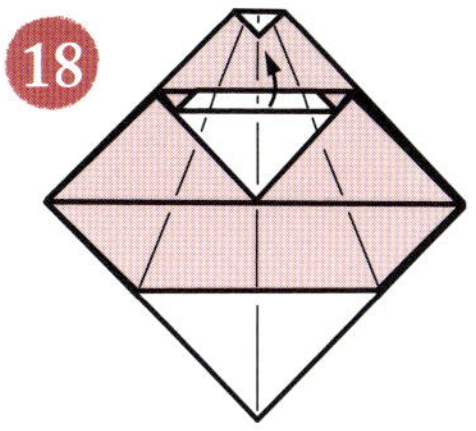

18

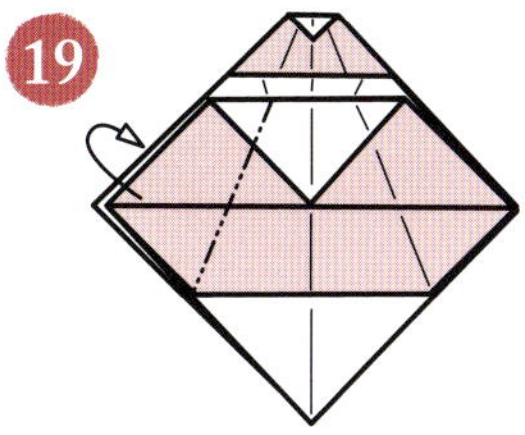

19

上の１枚だけ
内側に折る。

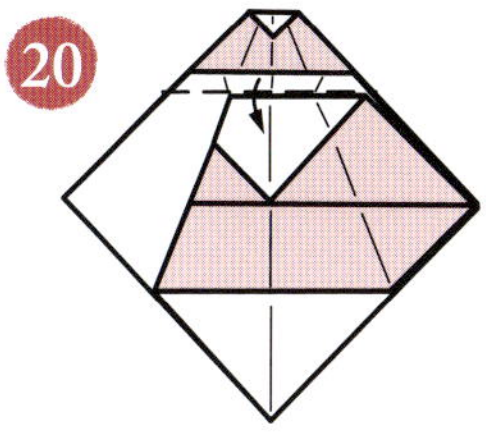

20

もどす。

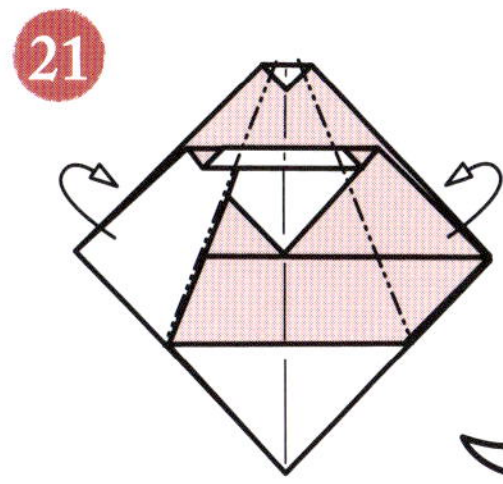

21

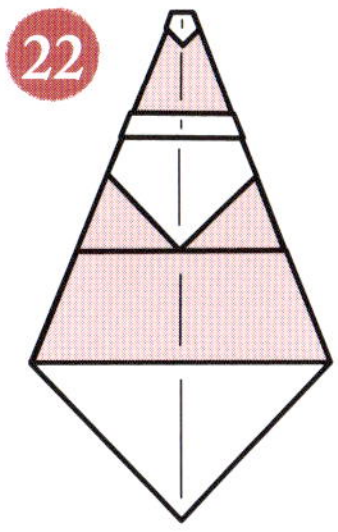

22

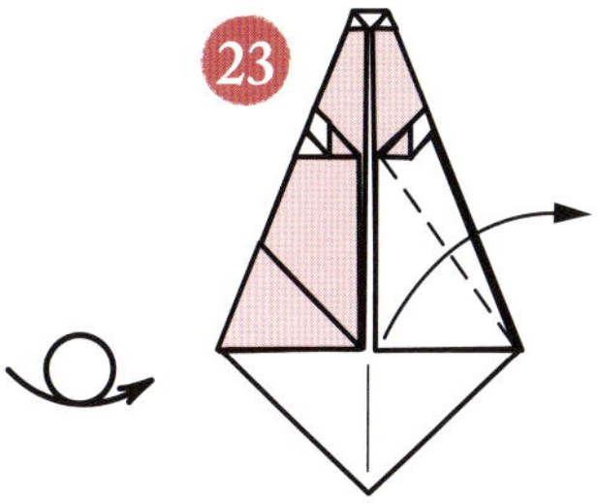

23

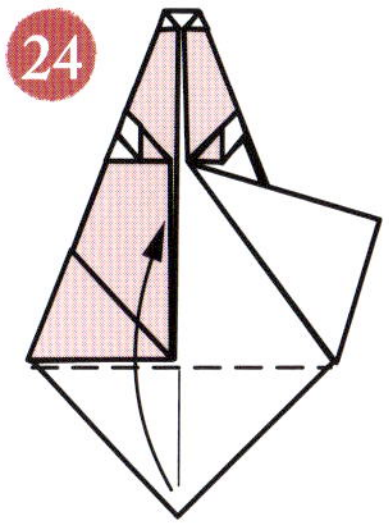

24

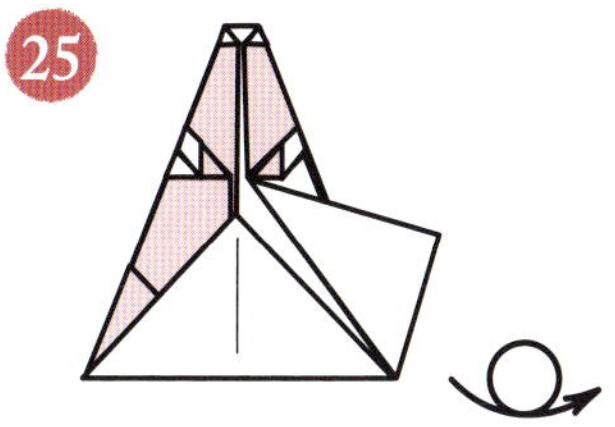

25

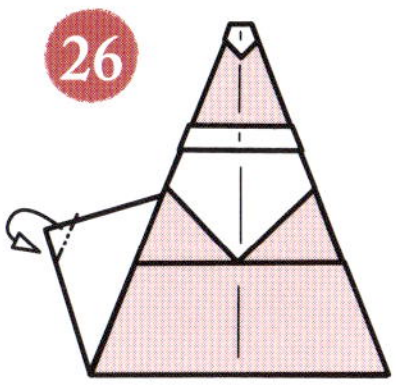

26

袋の角を折り、
24で折ったところを
立てる。

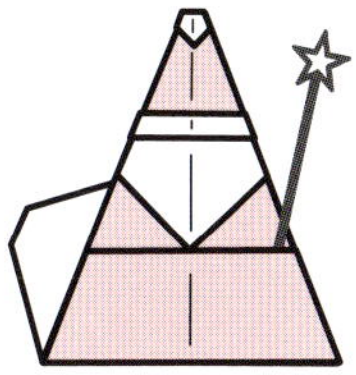

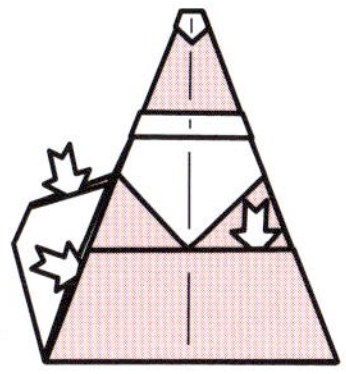

できあがり

ポケットが３つあります
ピックの他にもメッセージ
やミニミニプレゼントが入
ります！

バリエーション１

「サンタクロース」の3から左右対称
に折ると、袋の向きが変えられます。

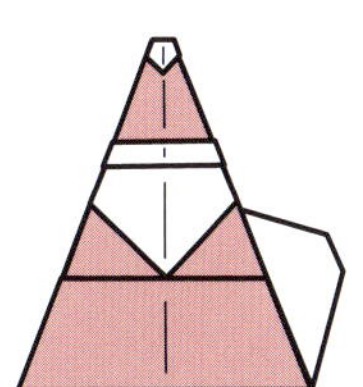

バリエーション２

袋を持っていない簡単バージョンです。

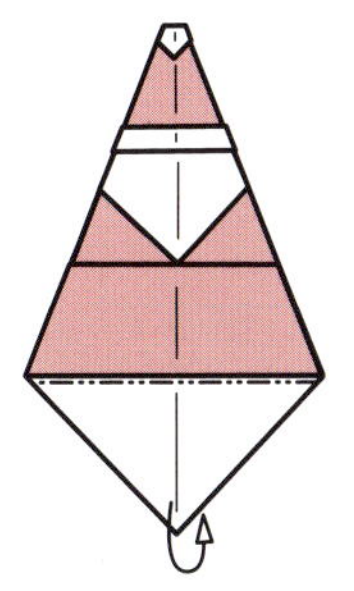

「サンタクロース」の17より。
折って立てる。

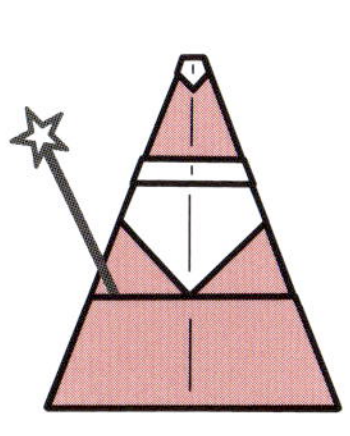

できあがり

ツリー

写真 >> p.18、19

58ページの「サンタクロース」と同じ基本の形から作れます。
⑬〜⑭の「中で折る」ところが少し折りにくいですが、まっすぐになるように折ると、
すっきりした形に仕上がります。

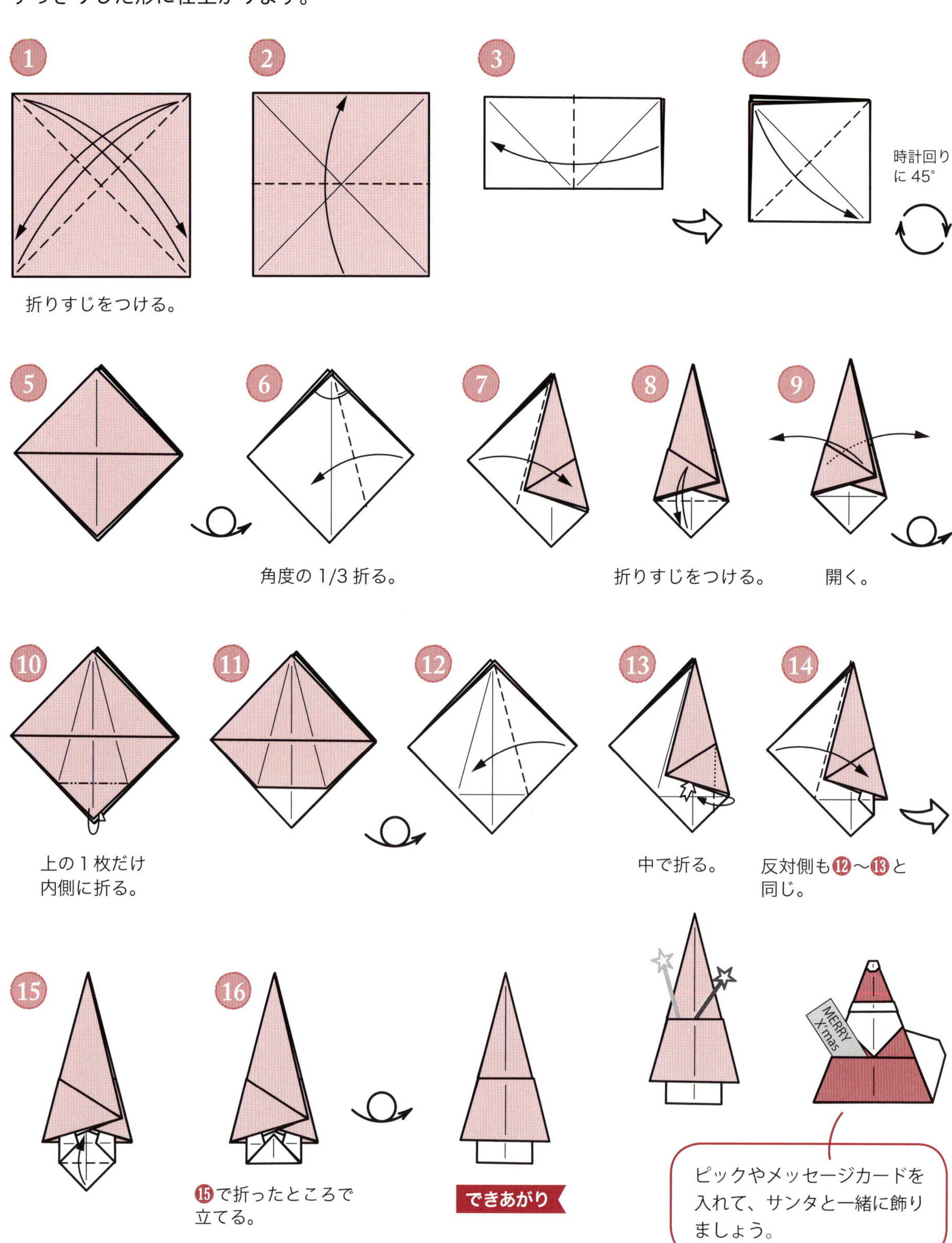
1
折りすじをつける。
2
3
4
時計回りに 45°
5
6
角度の 1/3 折る。
7
8
折りすじをつける。
9
開く。
10
上の 1 枚だけ
内側に折る。
11
12
13
中で折る。
14
反対側も⑫〜⑬と
同じ。
15
16
⑮で折ったところで
立てる。
できあがり
MERRY X'mas
ピックやメッセージカードを
入れて、サンタと一緒に飾り
ましょう。

おまけ

クリスマスブーツ 写真 >> p.18、19

伝承作品の「長靴」をアレンジした作品です。
ポケットが３つあります。

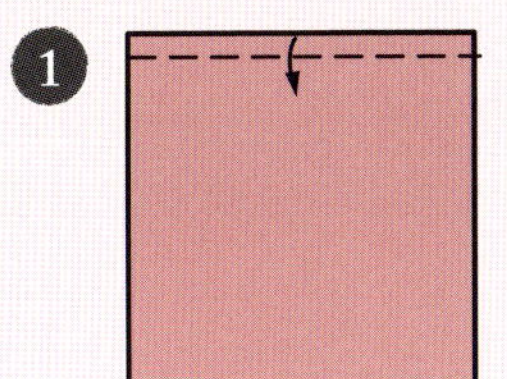
1

2

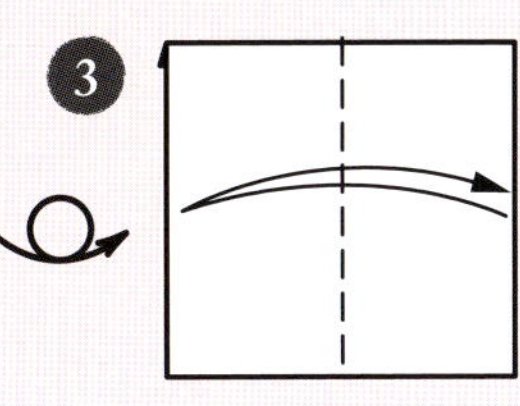
3

折りすじをつける。

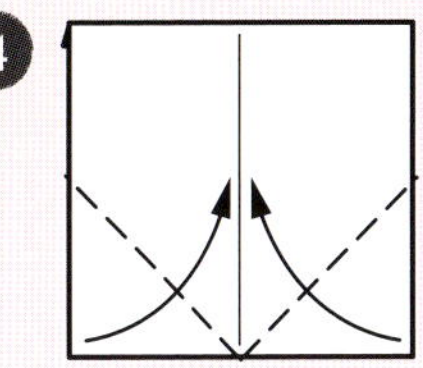
4

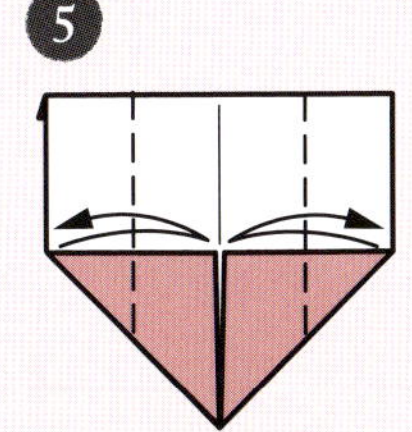
5

折りすじをつける。

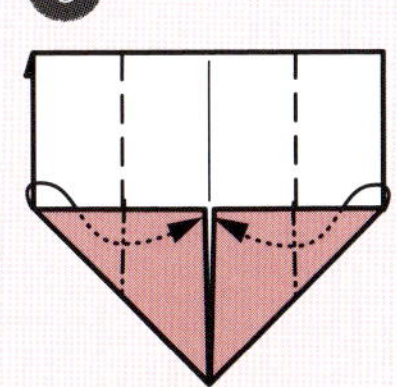
6

中わり折り。

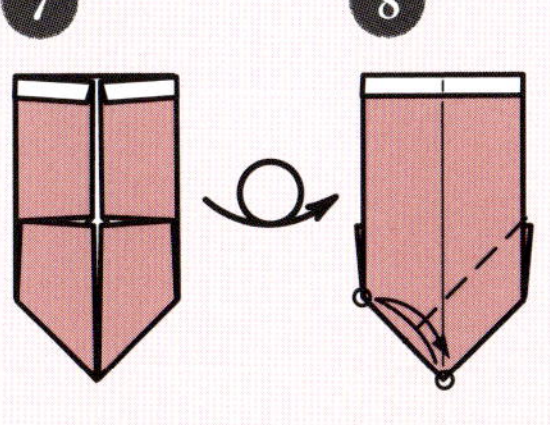
7
8

○と○を合わせて折りすじをつける。

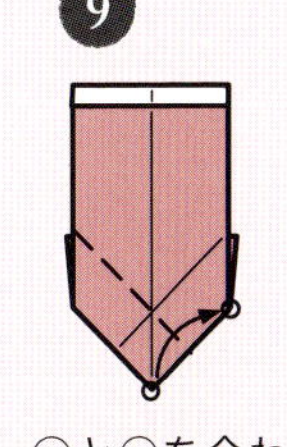
9

○と○を合わせて折る。

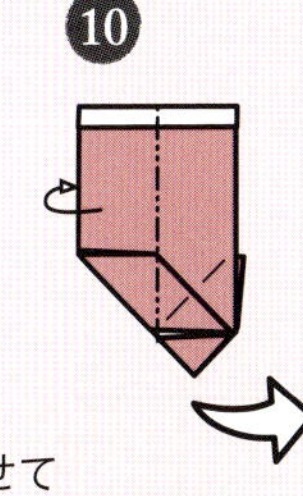
10

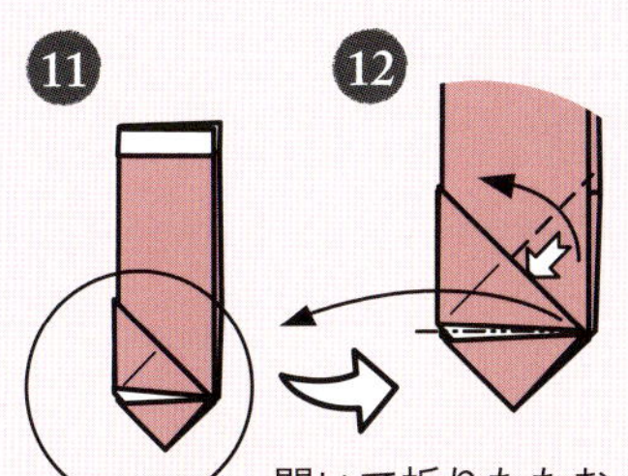
11
12

開いて折りたたむ。

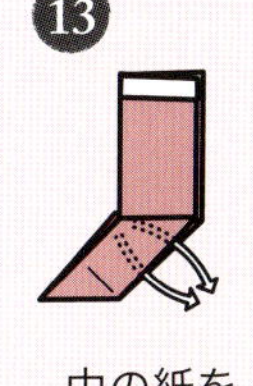
13

中の紙をひきだす。

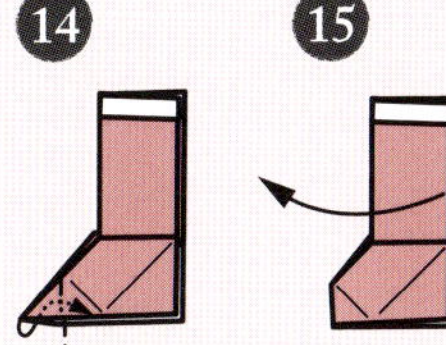
14
15

１枚目の下で中わり折り。

開く。

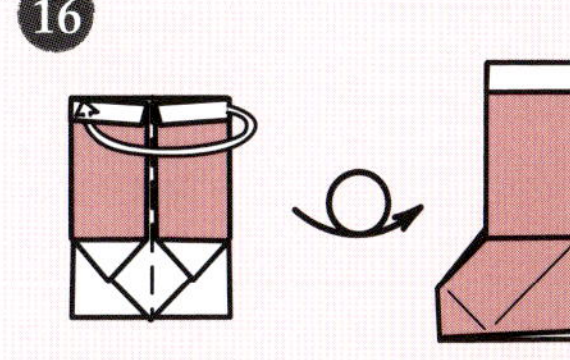
16

ふちにさしこんでとじる。

できあがり

王冠 写真 >> p.7、19

伝承作品のナプキン折りの「王冠」ですが、
さしこむのにちょうどいいポケットがありました。

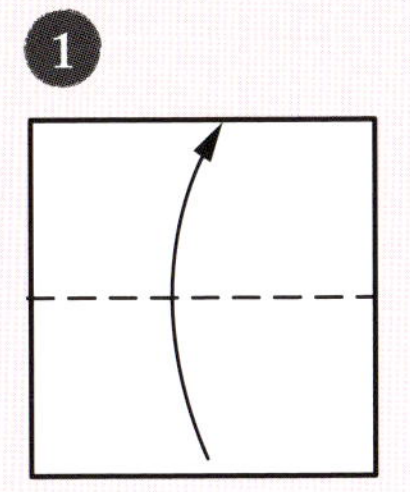
1

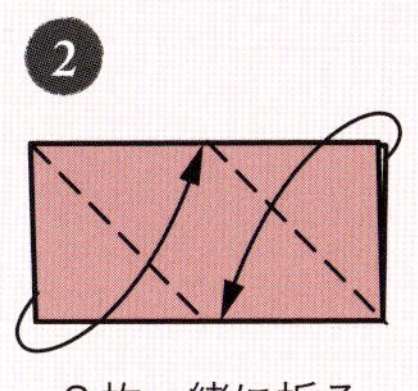
2

２枚一緒に折る。

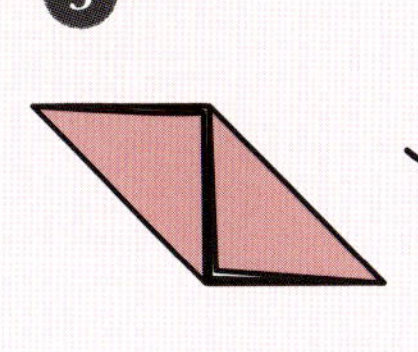
3

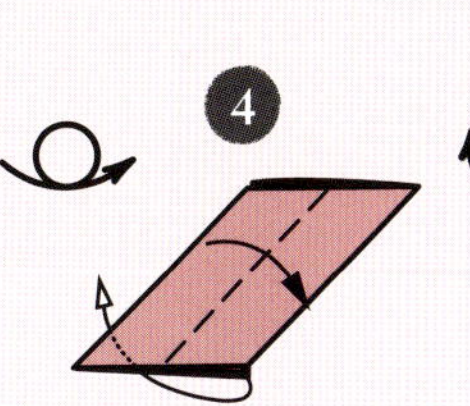
4

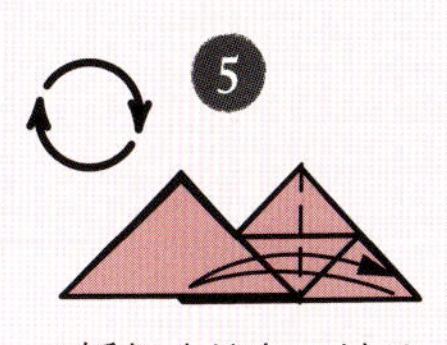
5

折りすじをつける。

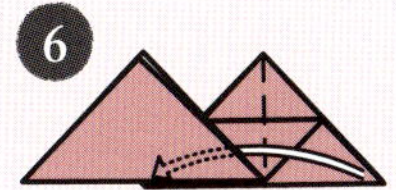
6

折ってさしこむ。

7

8

折ってさしこむ。

9

中を開いて形をととのえる。

できあがり

エンゼル

写真 >> p.8、19

羽の下の部分で立てることができます。クリスマスに、結婚や出産のお祝いに、メッセージなどをさしこんでプレゼントしてはいかがでしょう。

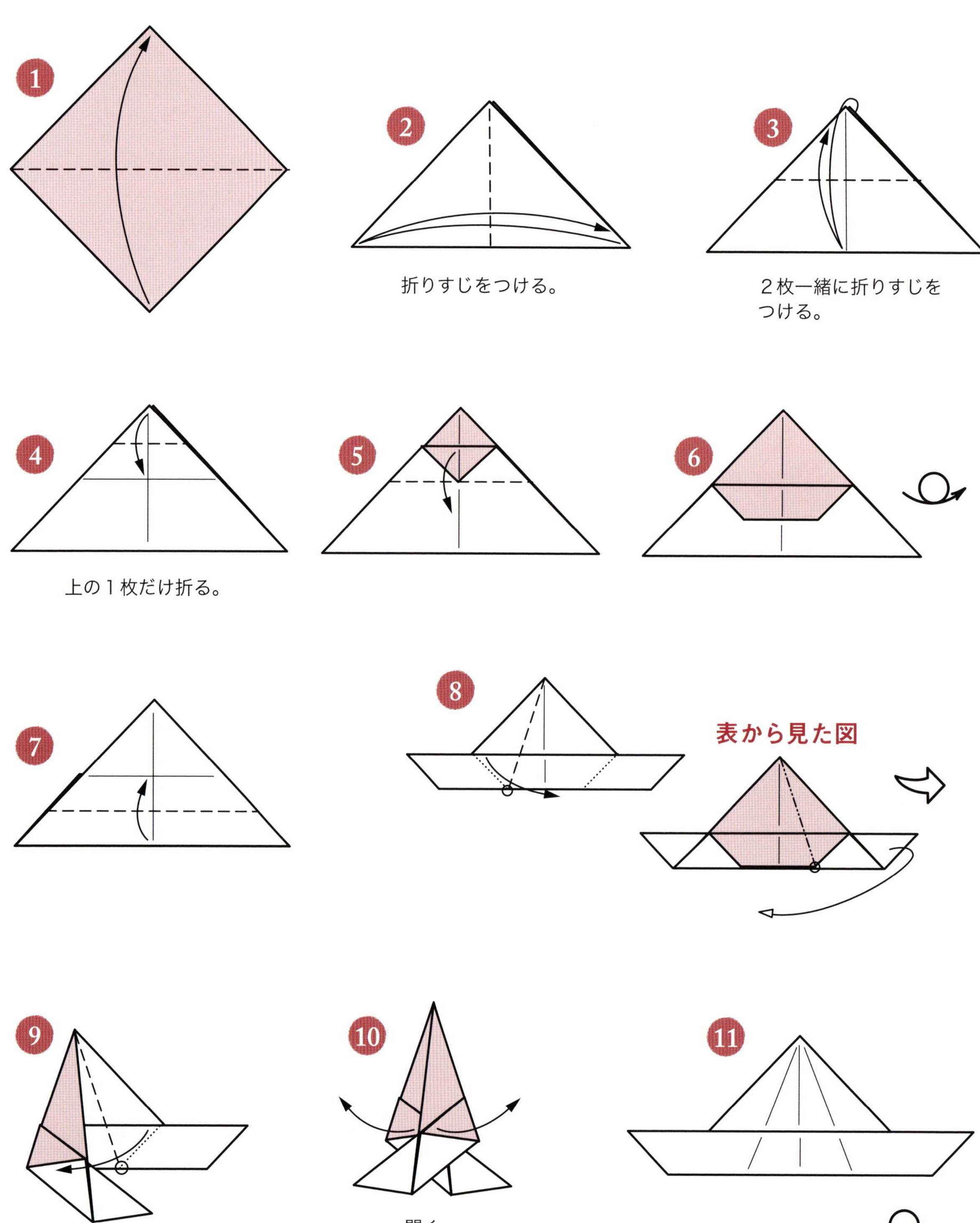
1
2
折りすじをつける。
3
2枚一緒に折りすじをつける。
4
上の1枚だけ折る。
5
6
7
8
表から見た図
9
10
開く。
11

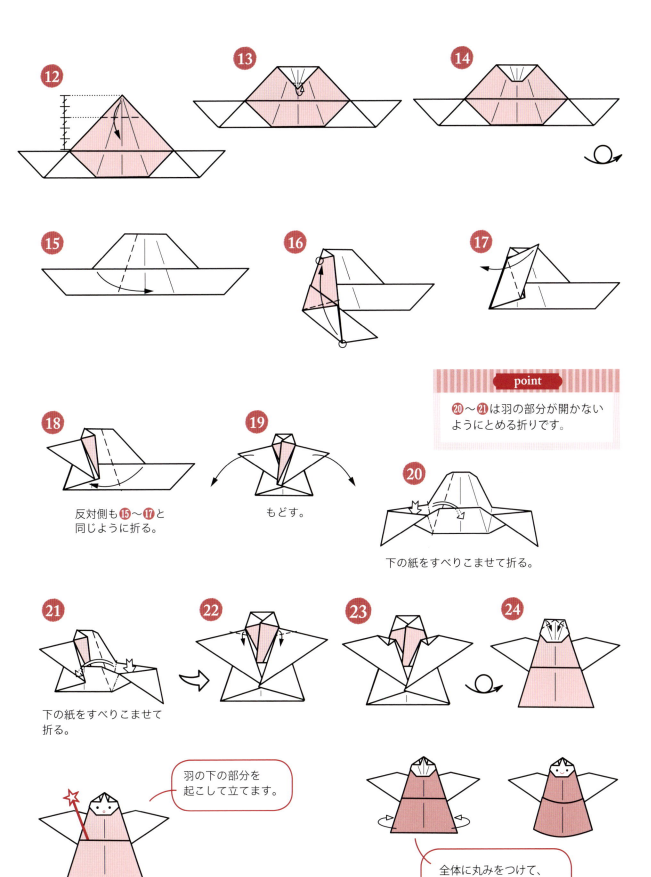

12

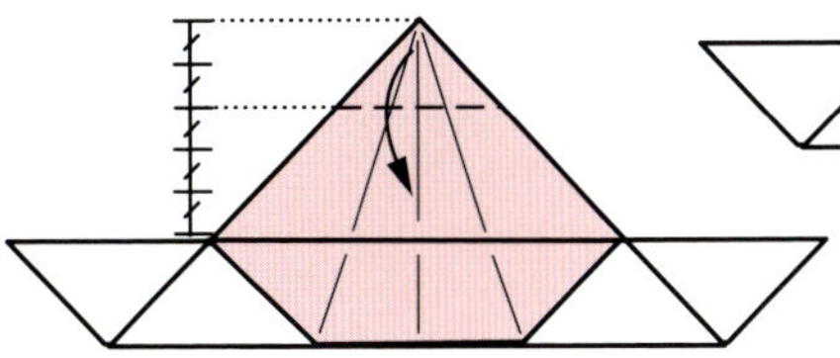

13

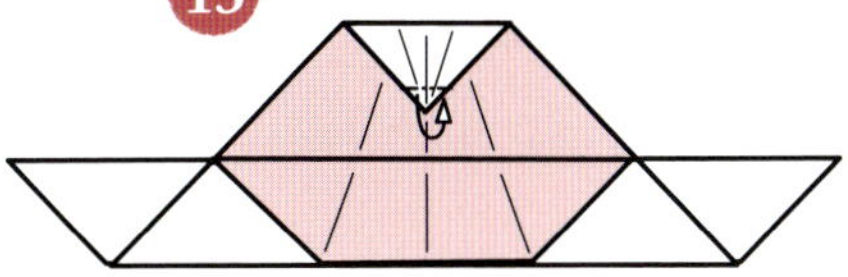

14

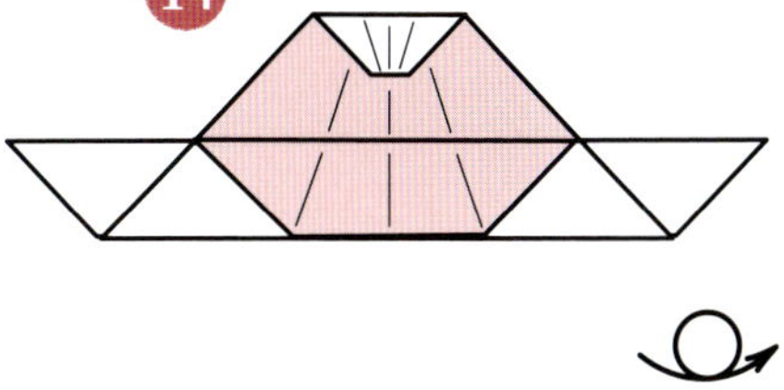

15

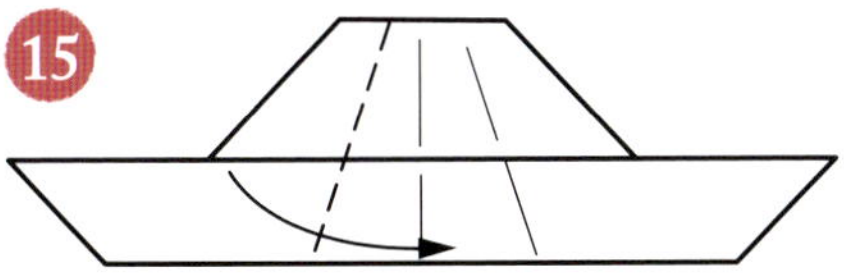

16

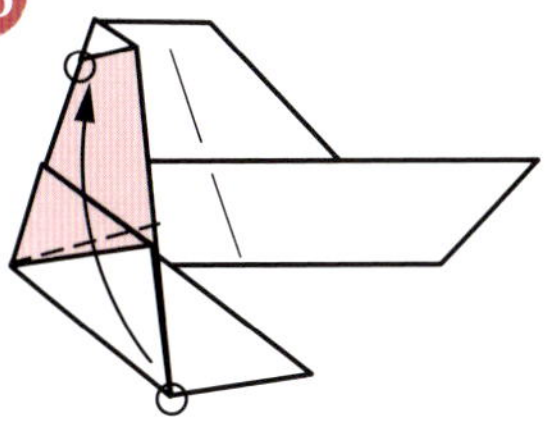

17

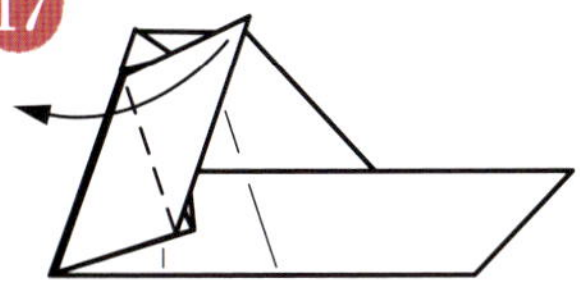

point

⑳～㉑は羽の部分が開かない
ようにとめる折りです。

18

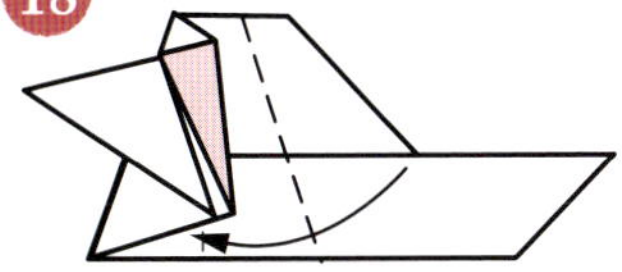

反対側も⑮～⑰と
同じように折る。

19

もどす。

20

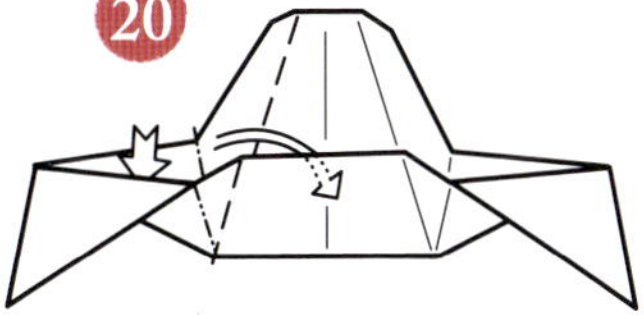

下の紙をすべりこませて折る。

21

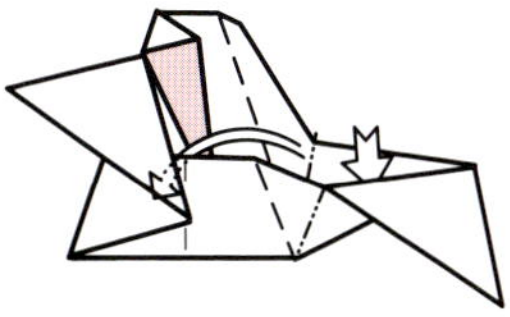

下の紙をすべりこませて
折る。

22

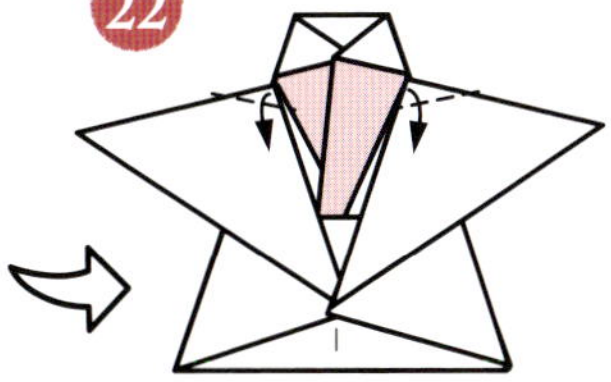

23

24

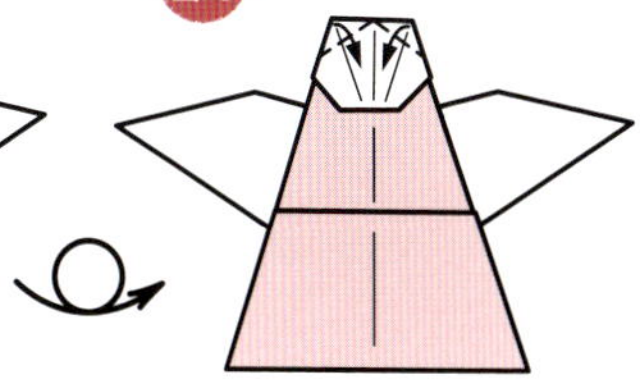

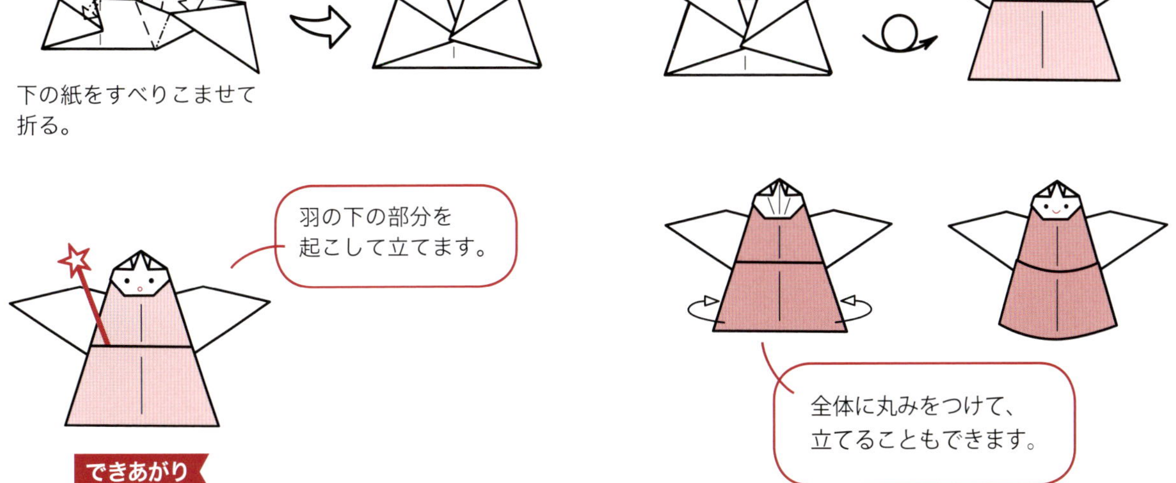

羽の下の部分を
起こして立てます。
全体に丸みをつけて、
立てることもできます。
できあがり

ハート

写真 >> p.8、19

うしろの部分を起こして立てることも、平面のままで本などにはさむこともできます。

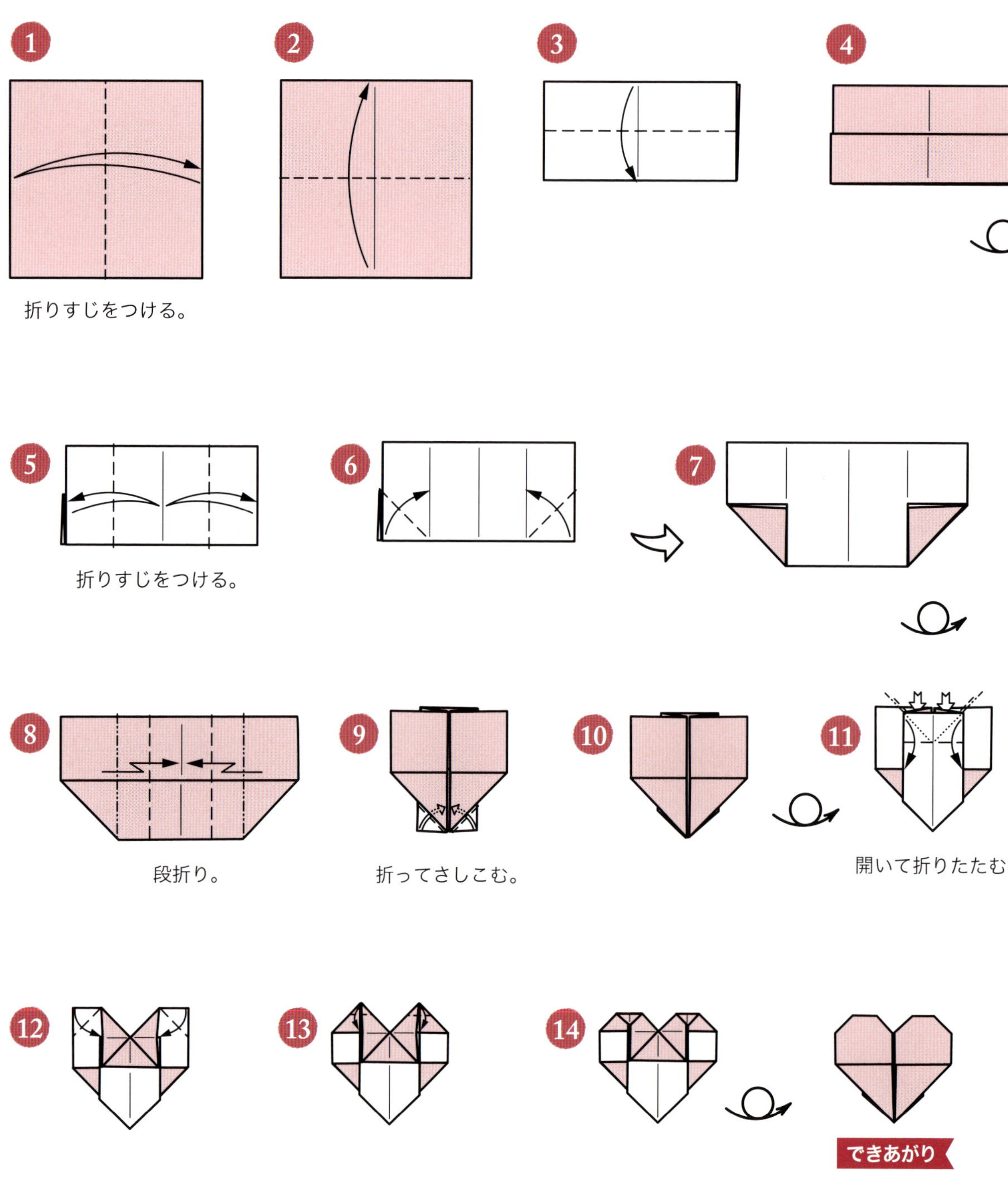

1
2
3
4
折りすじをつける。
5
6
7
折りすじをつける。
8
9
10
11
段折り。
折ってさしこむ。
開いて折りたたむ。
12
13
14
できあがり

ポケットのついたスマートな形のハートを考えているうちに、この形にたどり着きました。その後、日本折紙協会発行の「おりがみニュース」36号（1978年9月発行）で柿沼明さんが「トランプ」として発表されていた「ハート」の折り方とほぼ同じであることに気がつきました。折り紙の工夫の過程ではしばしばあることですが、故人である作者のご家族のご了解も得られましたので、ここに掲載させていただきます。

おまけ

アクロバットホース 写真 >> p.31

31ページの「瓢箪から駒」では、伝承作品の「アクロバットホース」を小さく折って、ひょうたんに入れています。ポケットつきの折り紙ではありませんが、おまけとして、この馬の折り方をご紹介します。15×15cmの折り紙で折り、尾を下から突き上げると宙返りをするので、「アクロバット」という名前がつきました。

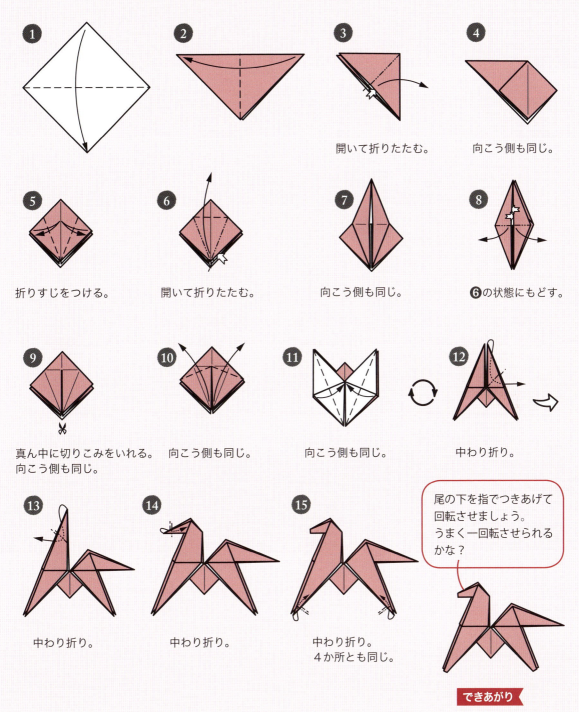

1

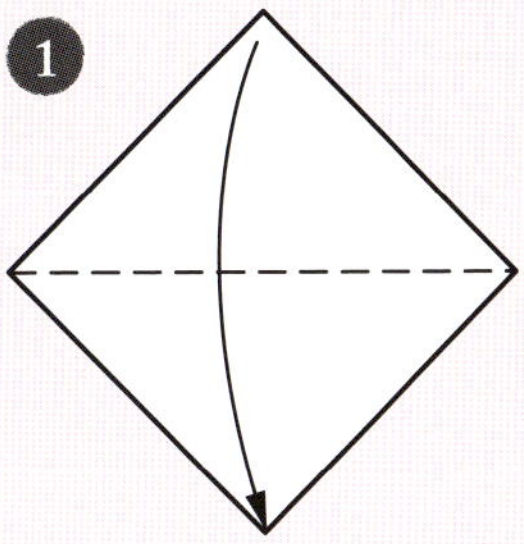

2

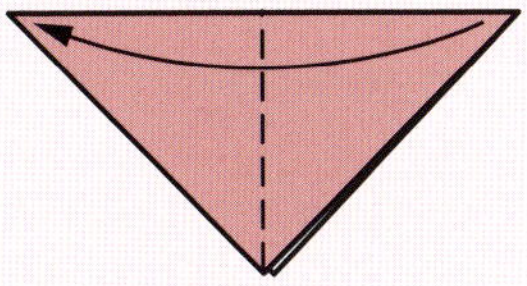

3 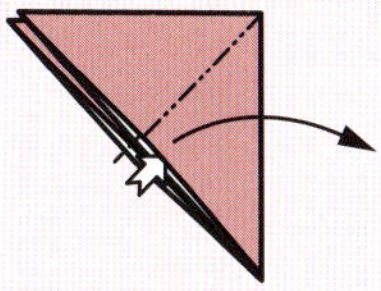 開いて折りたたむ。

4 向こう側も同じ。

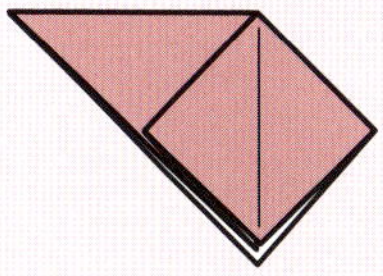

5 折りすじをつける。

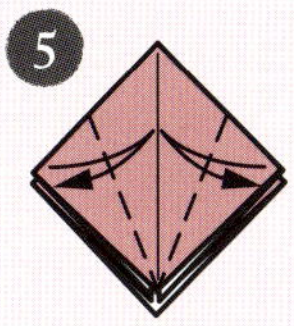

6 開いて折りたたむ。

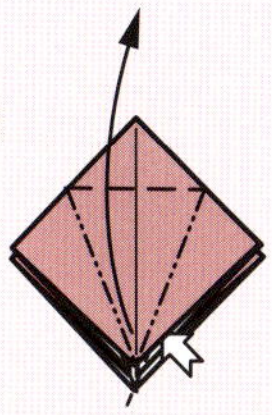

7 向こう側も同じ。

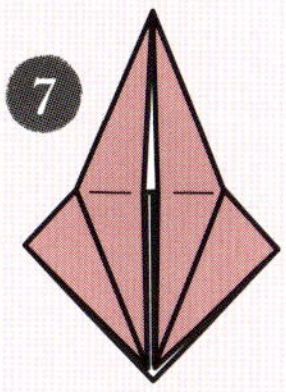

8 ❻の状態にもどす。

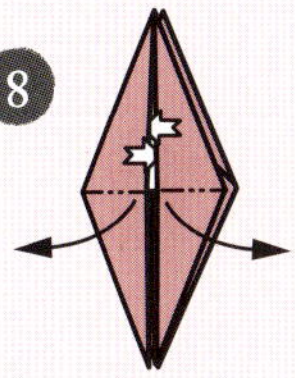

9 真ん中に切りこみをいれる。向こう側も同じ。

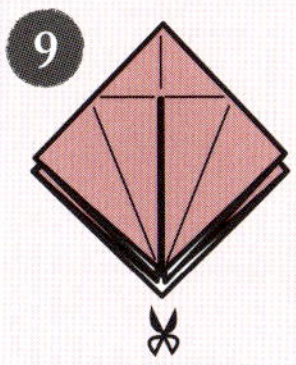

10 向こう側も同じ。

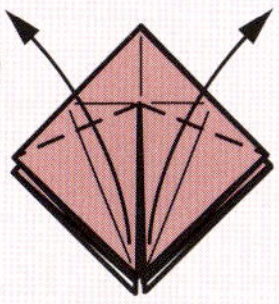

11 向こう側も同じ。

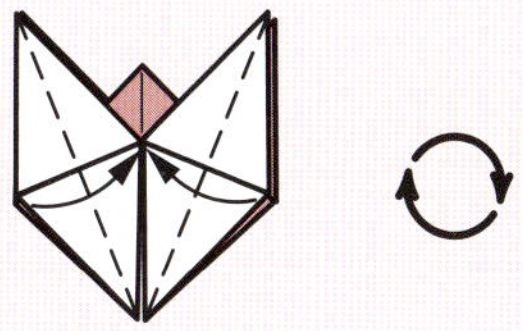

12 中わり折り。

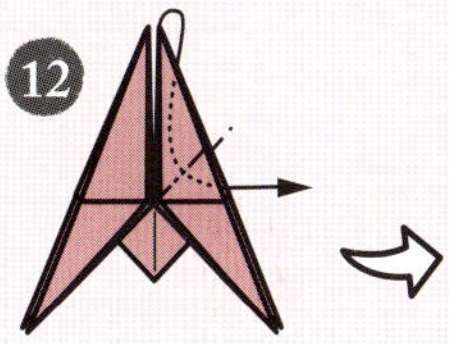

13 中わり折り。

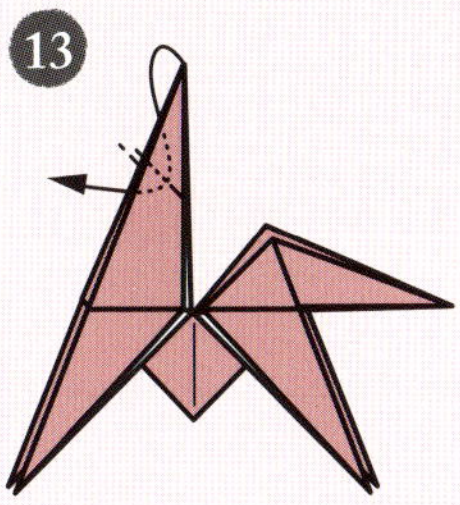

14 中わり折り。

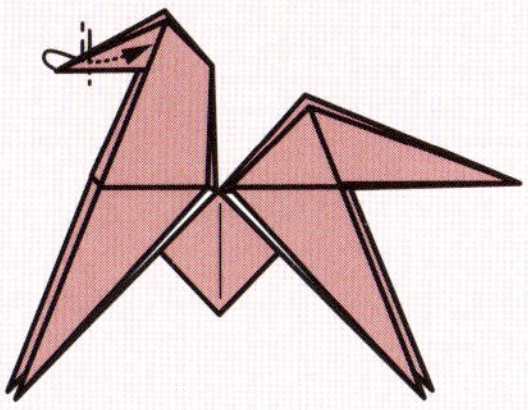

15 中わり折り。4か所とも同じ。

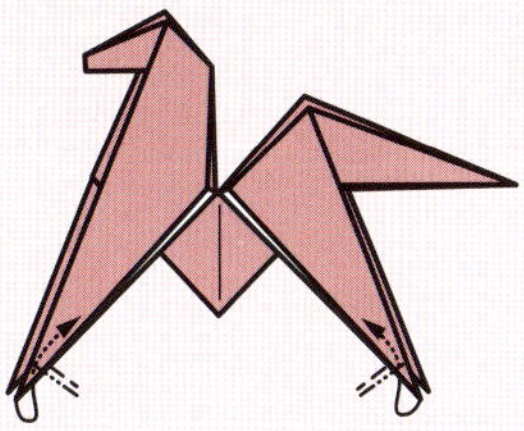

尾の下を指でつきあげて回転させましょう。うまく一回転させられるかな？

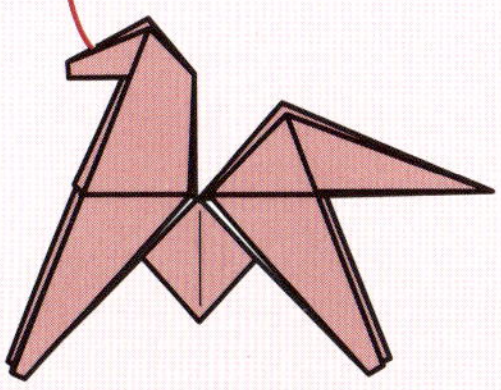

できあがり

節句飾りのポケット折り紙

お正月 松竹梅の祝い鶴

写真 >> p.10、20

平面のままメッセージカードや席札として立てて使ったり、
中央を少し折って飾ったり、小さく折ってカードに貼ったり、
いろいろな使い方をしてみてくださいね。

梅

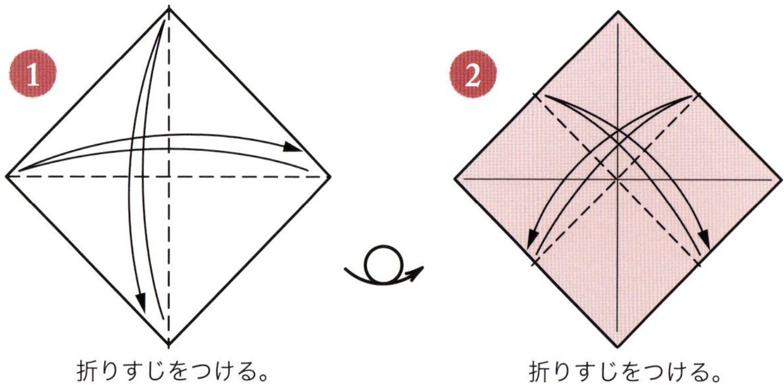

1 折りすじをつける。

2 折りすじをつける。

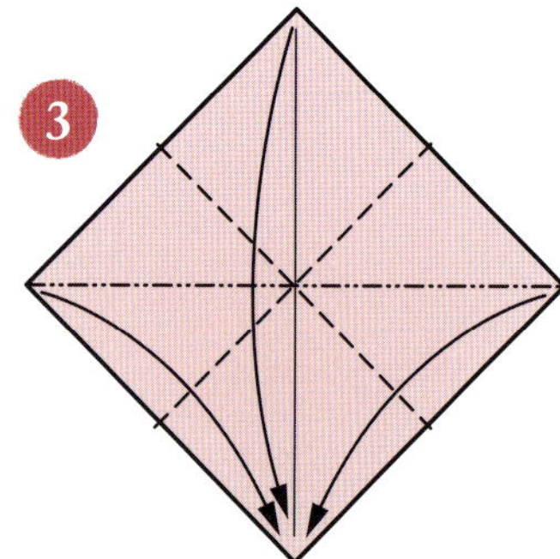

3 ❶〜❷でつけた折りすじを使って真ん中をへこませ、折りたたむ。

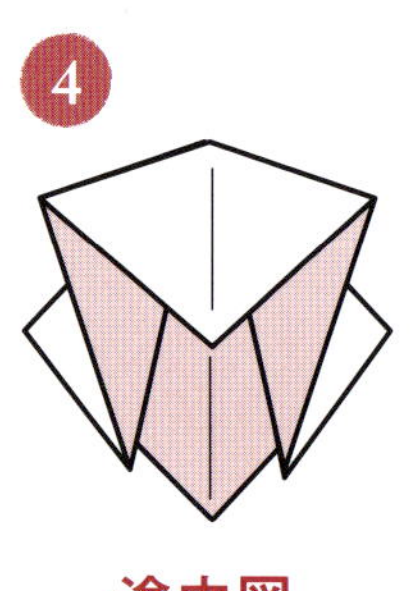

4 途中図

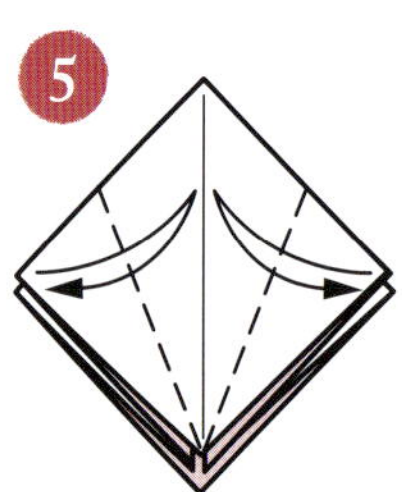

5 折りすじをつける。

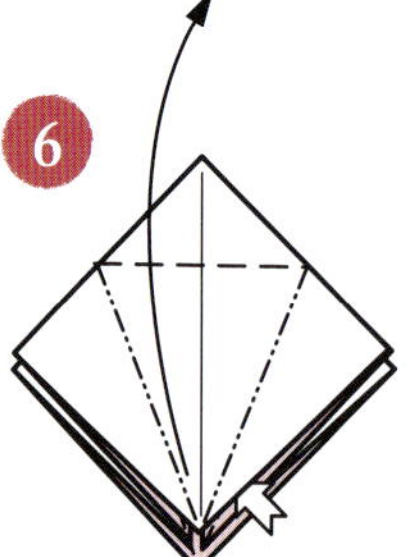

6 開いて折りたたむ。

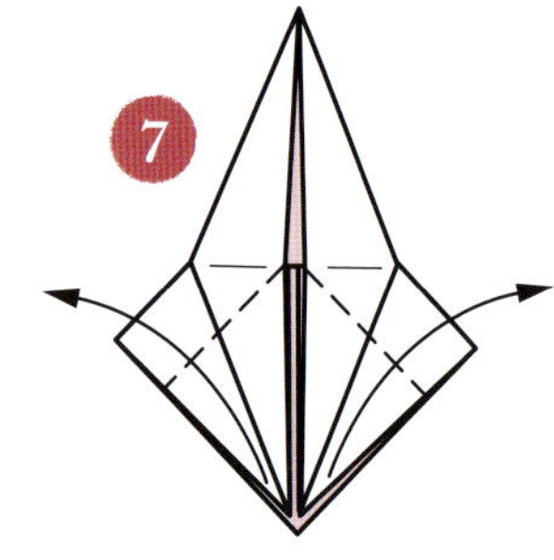

7

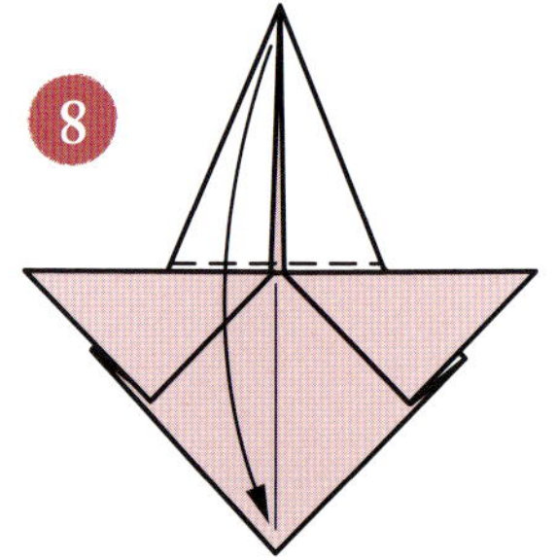

8

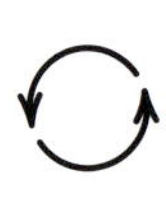

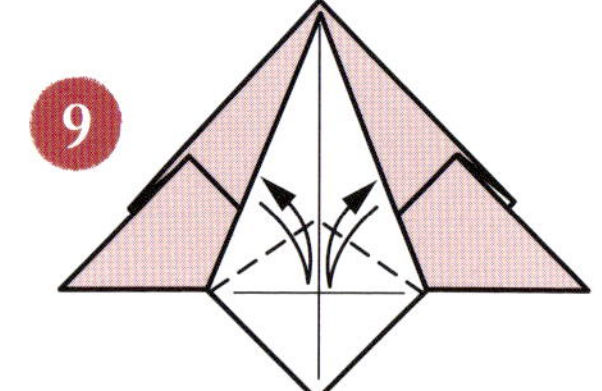

9 折りすじをつける。

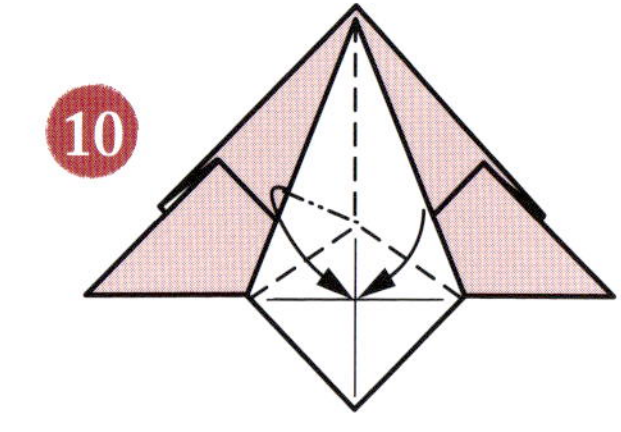

10 つまむように折りたたむ。

11
折りすじをつける。

12
かぶせ折り。

13
かぶせ折り。

14

15

16
開く。

17
折りたたむ。

18
○と○を合わせて
折りすじをつける。

19
中わり折り。

20

21

できあがり

松　「松」は⑱、⑳を「梅」より少なく折ります。あとは同じ折り方です。

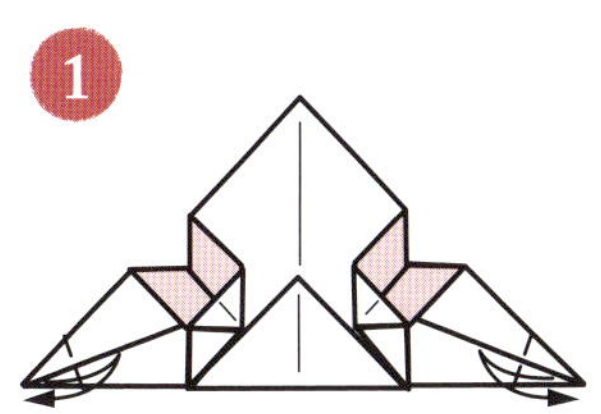

1
「梅」の⑱より。
折りすじをつける。

2
「梅」の⑲〜⑳と
同じように折る。

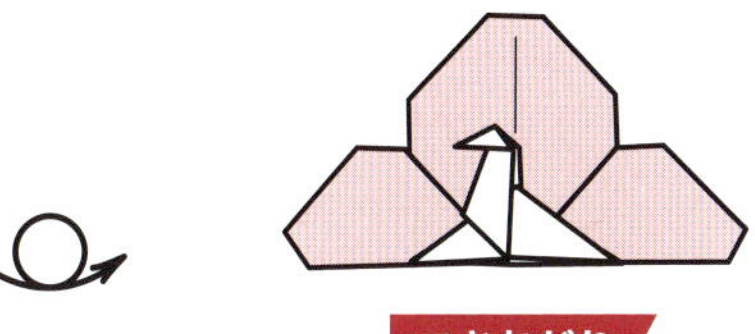

できあがり

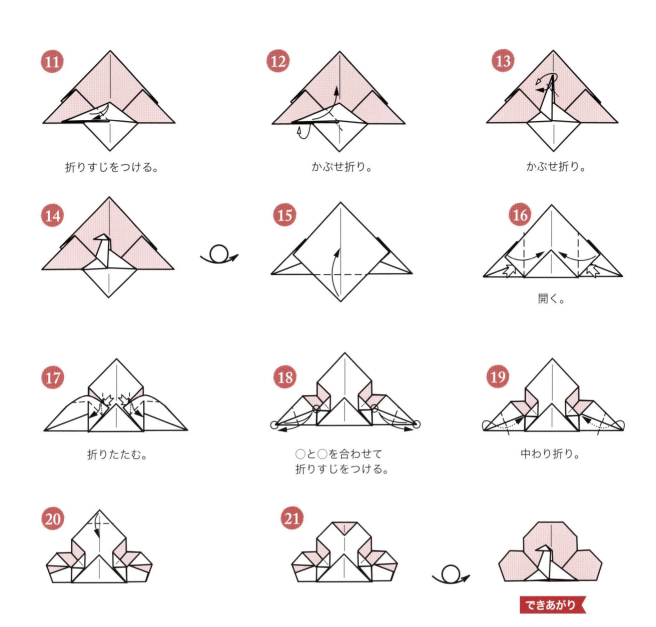

竹

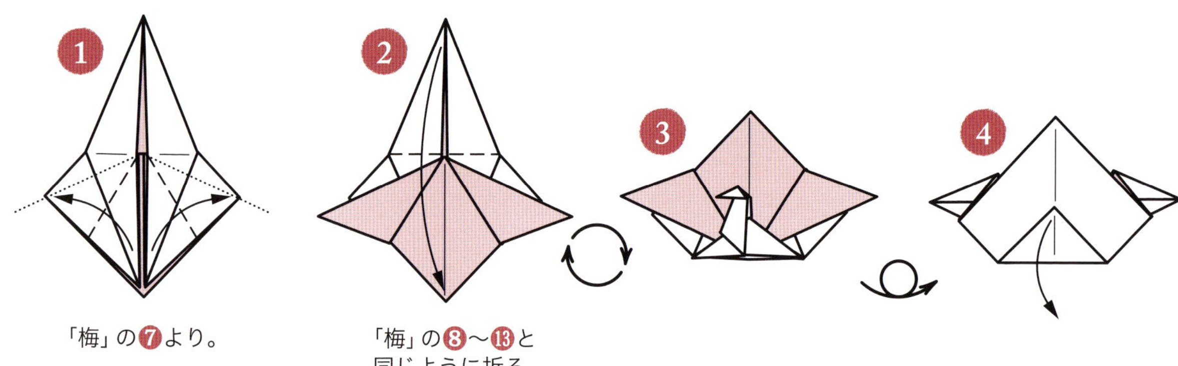

「梅」の❼より。

「梅」の❽～⓭と同じように折る。

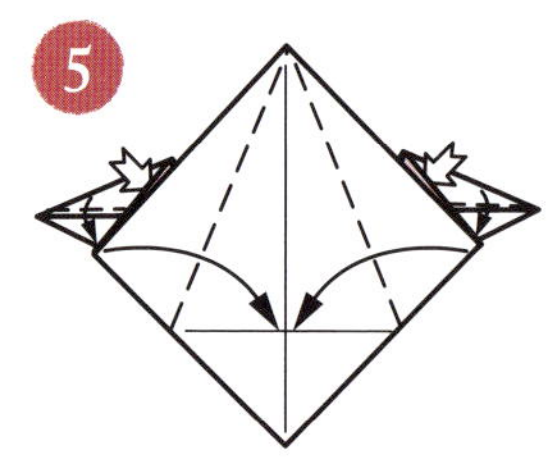

開いて折りたたむ。

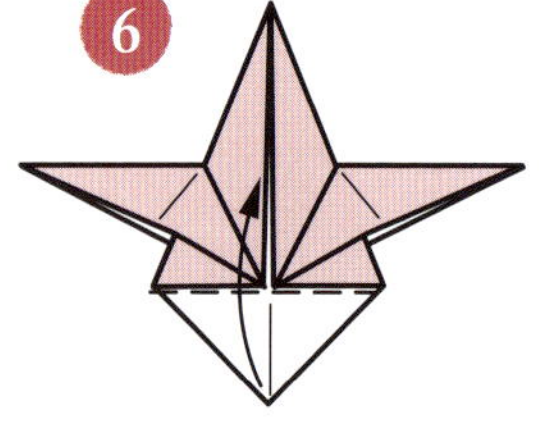

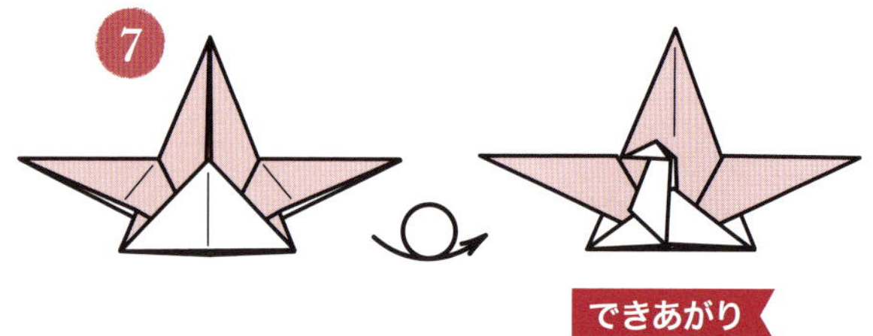
できあがり

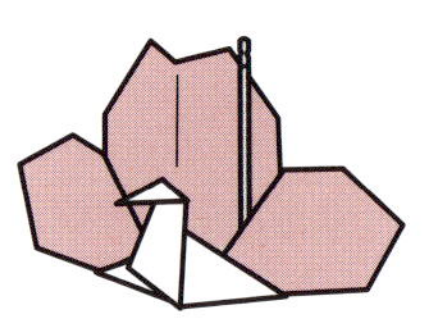

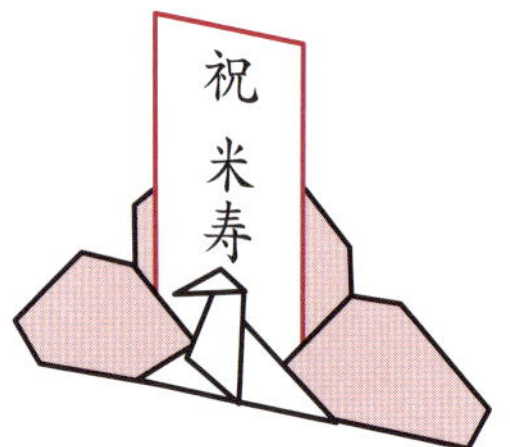
祝
米寿

point

鶴の首を起こし、中心を山折りして立てたら、ようじなどを入れましょう。
「梅」の⓯で折った部分を起こして立てると、メッセージやお品書きを入れられるメモスタンドになります。席札立てにもどうぞ！

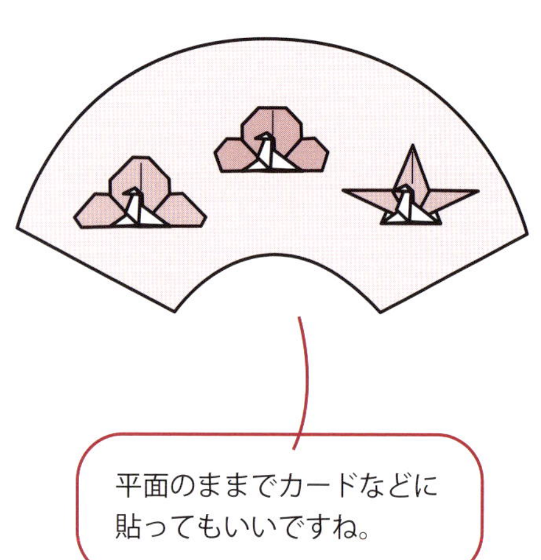

平面のままでカードなどに貼ってもいいですね。

扇

写真 >> p.21

ナプキン折りの「扇」の折り方を参考に作りました。きっちり折ると、バランスよく立ちます。
この作品は、紙の目が重要。紙の目を❶の矢印の向きにして折っていくと、きれいに段折りができます。

※紙の目とは、紙の繊維の流れです。紙の目に沿った向きで折ると、紙が折りやすくなります。

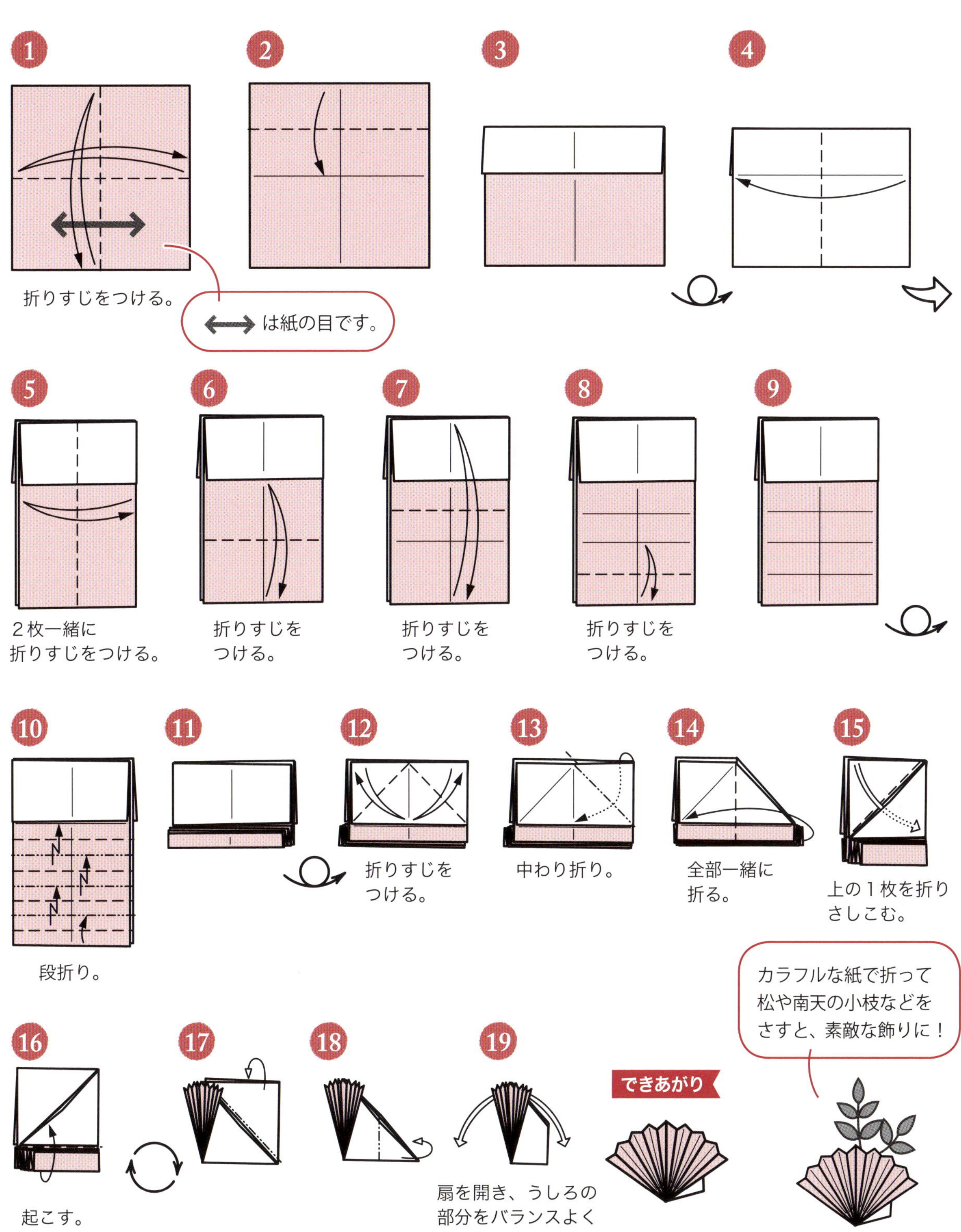
1
折りすじをつける。
⟷ は紙の目です。
2
3
4
5
2枚一緒に
折りすじをつける。
6
折りすじを
つける。
7
折りすじを
つける。
8
折りすじを
つける。
9
10
段折り。
11
12
折りすじを
つける。
13
中わり折り。
14
全部一緒に
折る。
15
上の１枚を折り
さしこむ。
カラフルな紙で折って
松や南天の小枝などを
さすと、素敵な飾りに！
16
起こす。
17
18
19
扇を開き、うしろの
部分をバランスよく
立てる。
できあがり

鶴のミニ門松

写真 >> p.11、21

お正月のテーブルに、一人一人の席の飾りとして、いかがでしょうか。
鶴を松に、中心部を竹に見立てているので、ポケットに梅の花のピックや小枝をさすと「松竹梅」がそろいます。
大きな紙で作ると素敵な玄関飾りになります。平面で箸袋としても使えます。

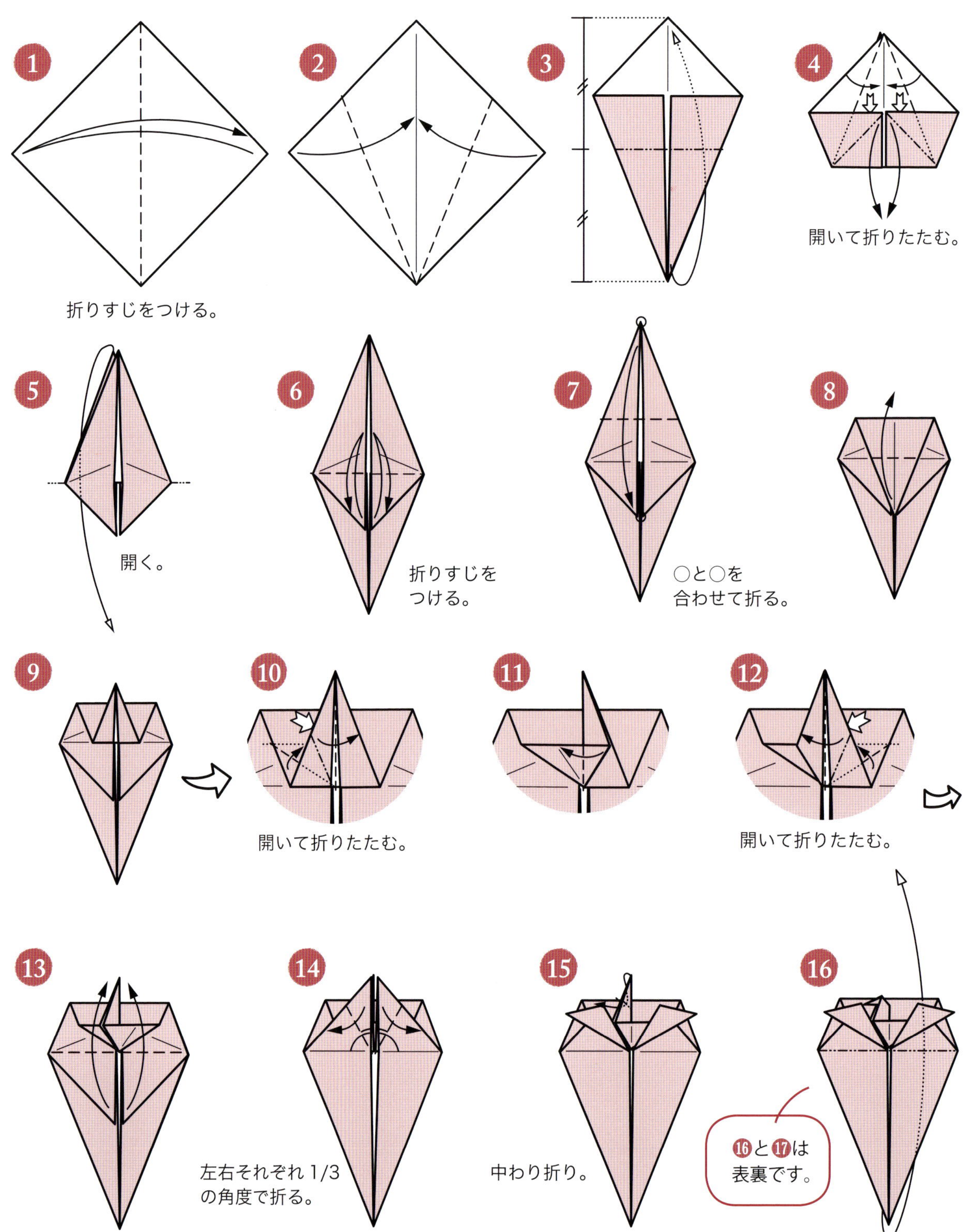
1
折りすじをつける。
2
3
4
開いて折りたたむ。
5
開く。
6
折りすじを
つける。
7
○と○を
合わせて折る。
8
9
10
開いて折りたたむ。
11
12
開いて折りたたむ。
13
14
左右それぞれ 1/3
の角度で折る。
15
中わり折り。
16
16と17は
表裏です。

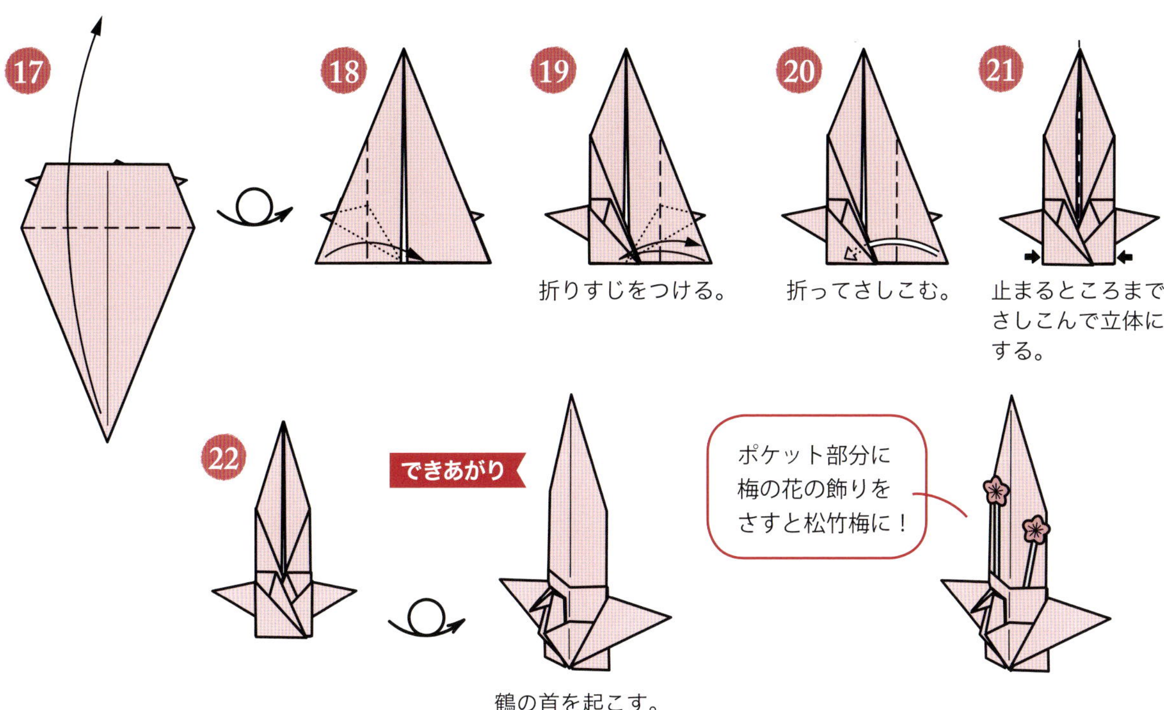
17
18
19
20
21
折りすじをつける。
折ってさしこむ。
止まるところまでさしこんで立体にする。
22
できあがり
鶴の首を起こす。
ポケット部分に梅の花の飾りをさすと松竹梅に！

バリエーション 1

平面で箸袋などに使う時の折り方です。

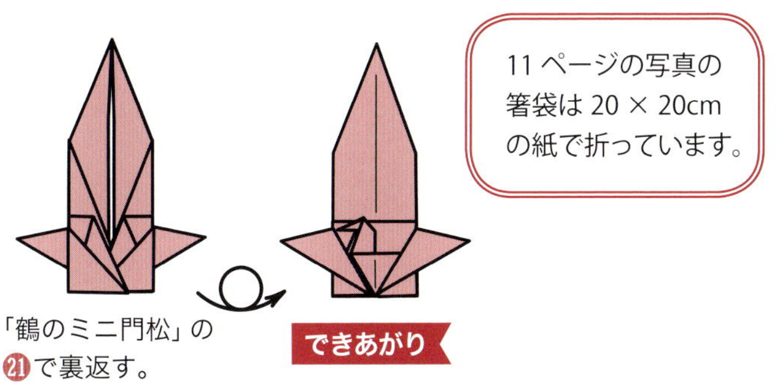
11 ページの写真の箸袋は 20 × 20cm の紙で折っています。
「鶴のミニ門松」の㉑で裏返す。
できあがり

バリエーション 2

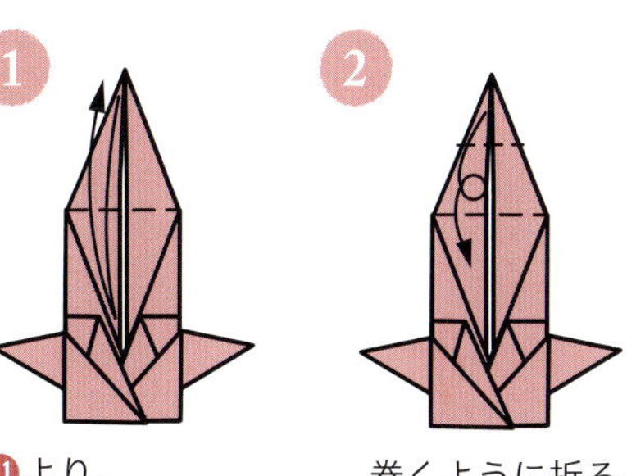
1
2
㉑より。折りすじをつける。
巻くように折る。

バリエーション 3

この折り方をバリエーション 2 や立体に応用することもできます。

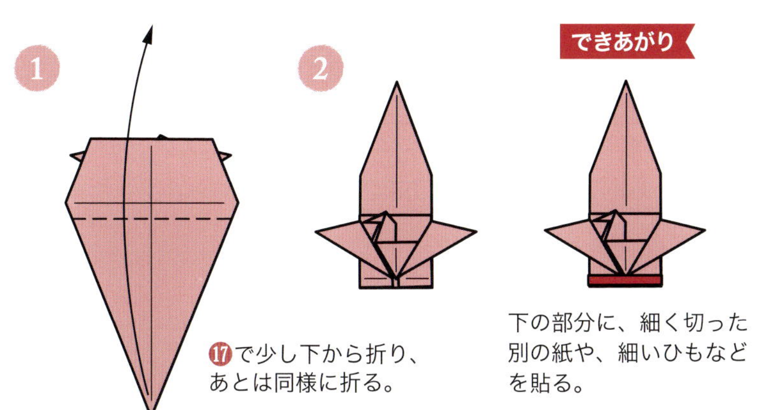
1
2
できあがり
⑰で少し下から折り、あとは同様に折る。
下の部分に、細く切った別の紙や、細いひもなどを貼る。

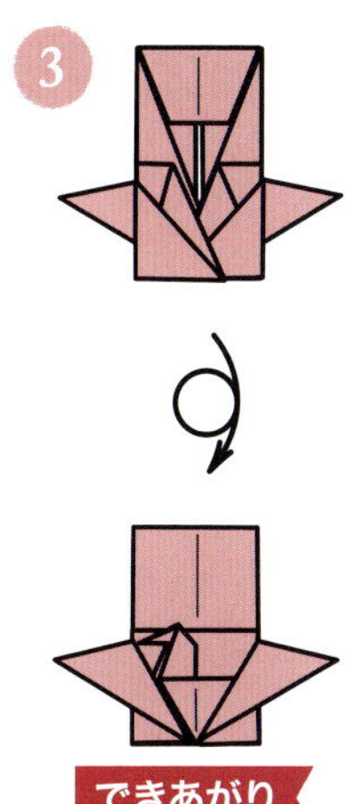
3
できあがり

桃の節句

おひなさま

写真 ≫ p.22

うしろにポケットを背負った形です。
次ページの「兜（かぶと）」や75ページの「富士山」も、同じタイプです。

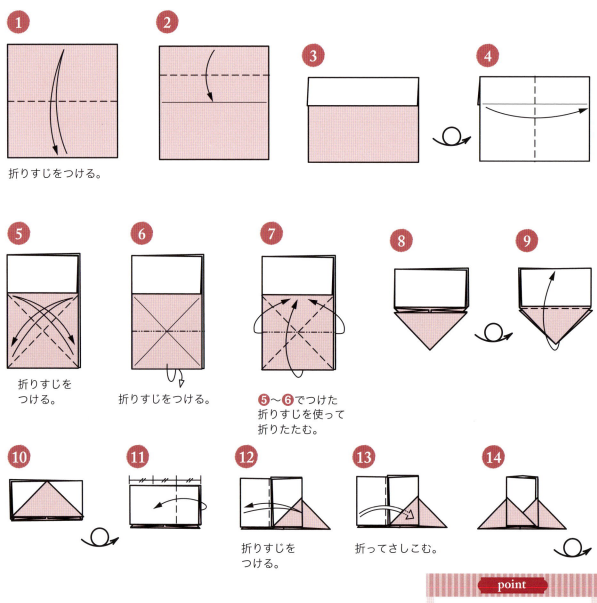

1 折りすじをつける。

2

3

4

5 折りすじをつける。

6 折りすじをつける。

7 ⑤〜⑥でつけた折りすじを使って折りたたむ。

8

9

10

11

12 折りすじをつける。

13 折ってさしこむ。

14

point

表裏逆に折り、⑮で1枚目の下を開いて折りたたむと色合いが変わったものができます。22ページの写真の「三人官女」は、この折り方です。

15

2枚目の下を開いて折りたたむ。

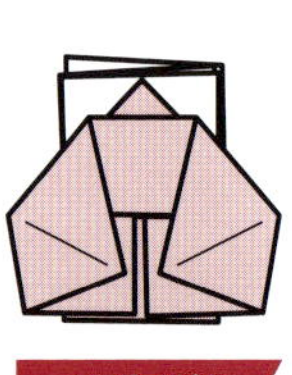

できあがり

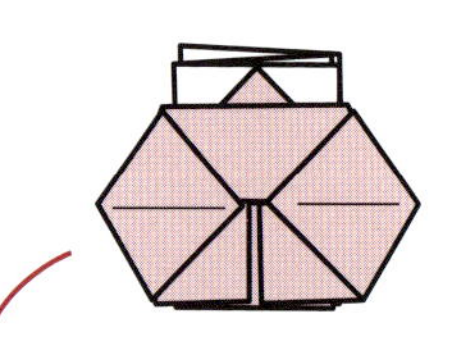

⑮のずらし方を変えると、肩幅と袖の形が変わります。

端午の節句

兜

写真 >> p.23

小さく折って和菓子に添えたり、大きく折って花菖蒲や鯉のぼりをさして飾りにしたり。いろいろ使ってくださいね。

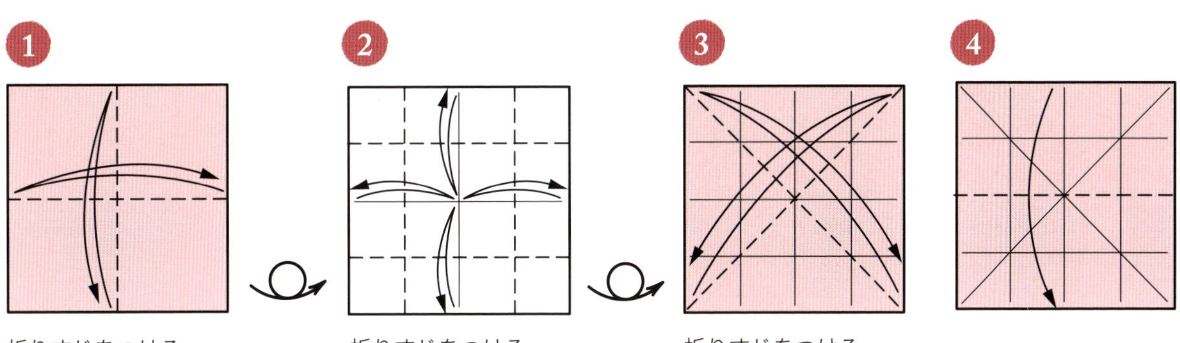
1
2
3
4

1 折りすじをつける。

2 折りすじをつける。

3 折りすじをつける。

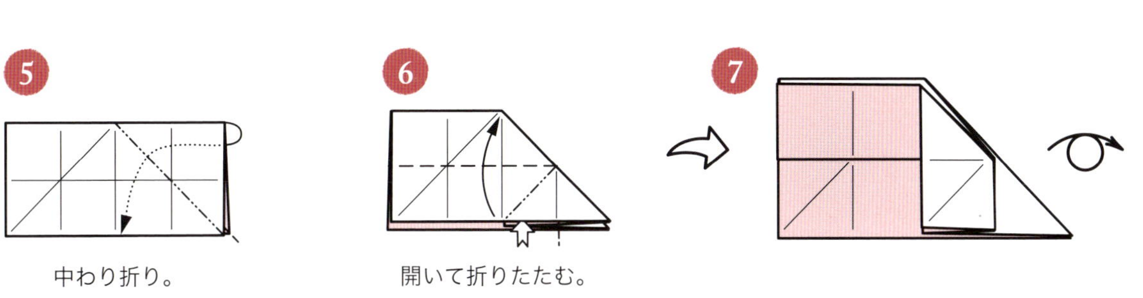
5
6
7

5 中わり折り。

6 開いて折りたたむ。

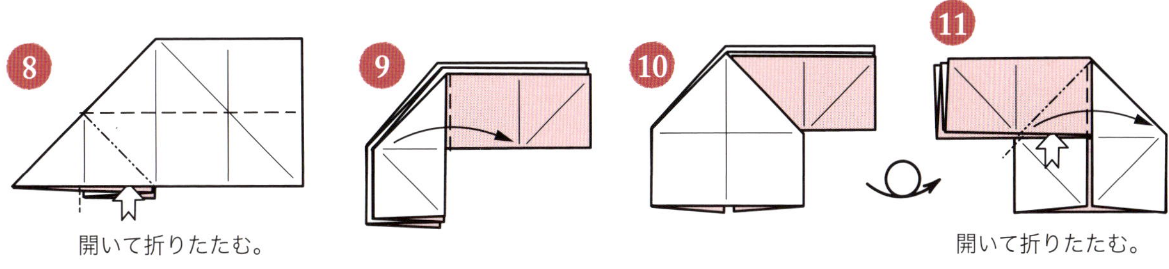
8
9
10
11

8 開いて折りたたむ。

11 開いて折りたたむ。

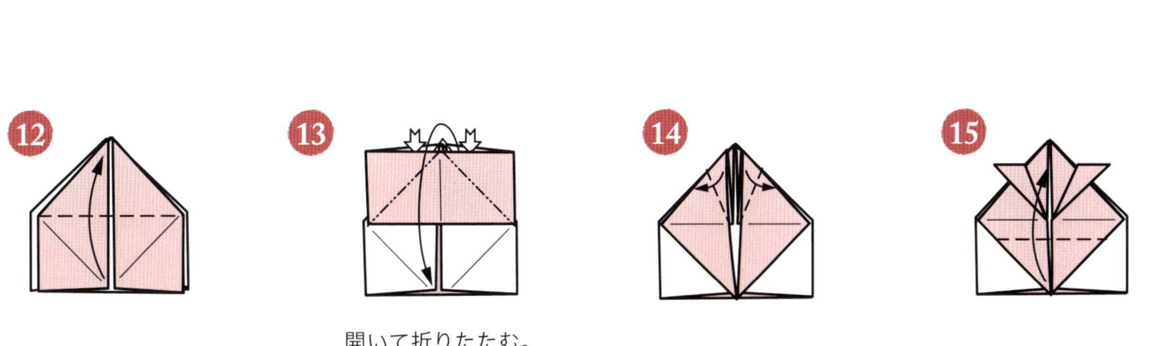
12
13
14
15

13 開いて折りたたむ。

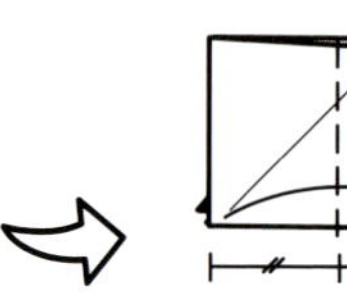

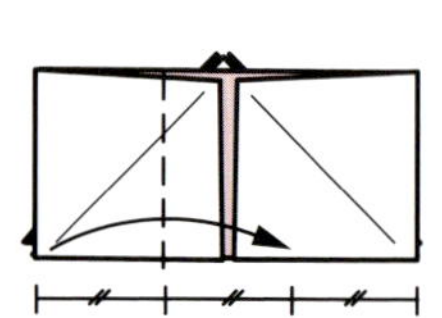

折ってさしこむ。

中を開いて立体にする。

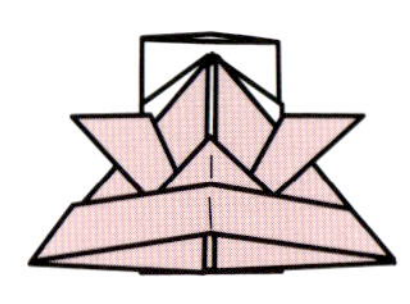

できあがり

バリエーション

兜の前面についている「くわがた」部分を色違いにする折り方です。

「兜」の⑮までは同じように折り、くわがたの部分をひっくり返す。

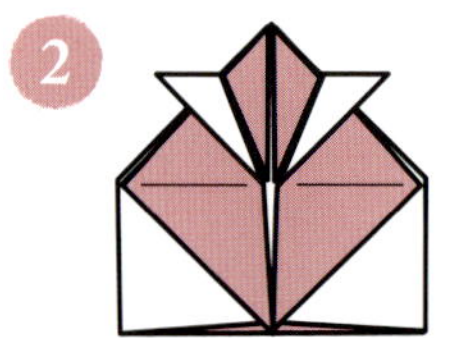

あとは⑮〜㉒と同じ。

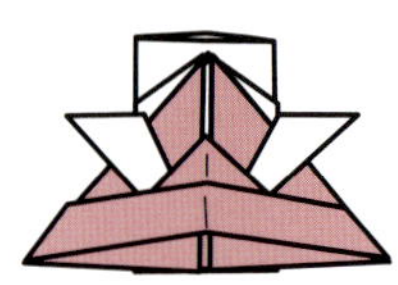

できあがり

おまけ

花菖蒲 写真 >> p.23

23ページの写真で兜にさしている花菖蒲です。小さな紙で折りましょう。茎は竹串などに紙を巻き、細く切った紙を葉にします。

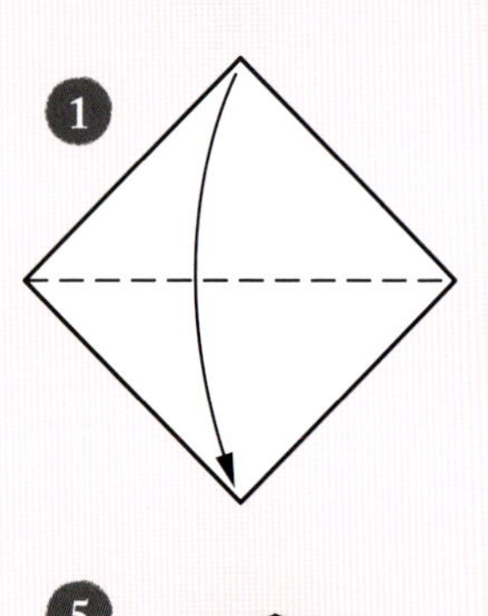

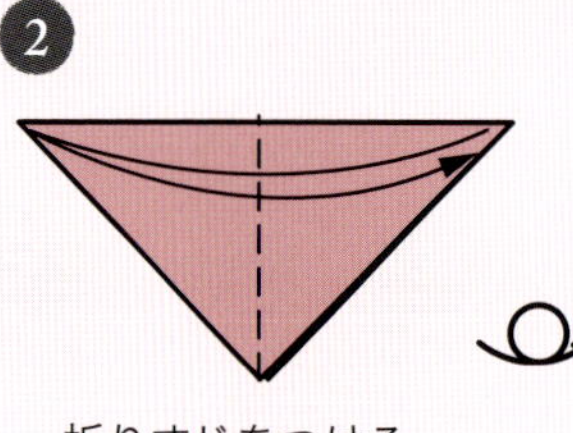

折りすじをつける。

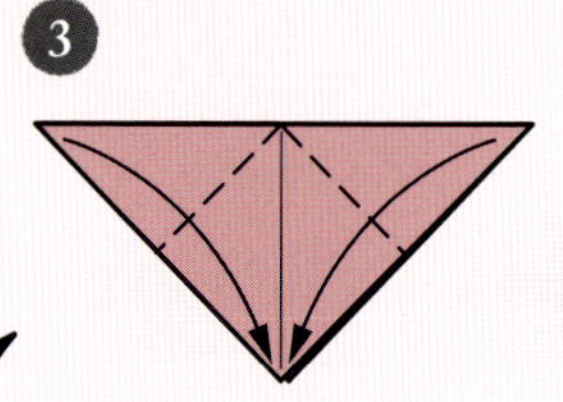

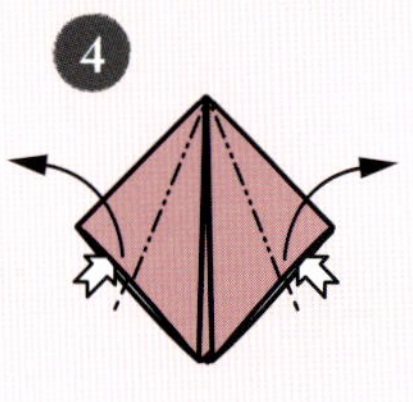

開いて折りたたむ。

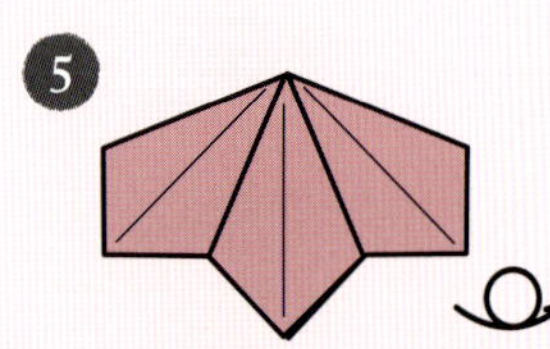

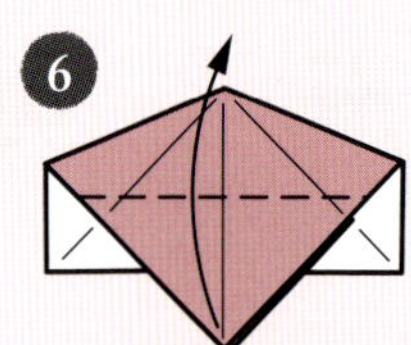

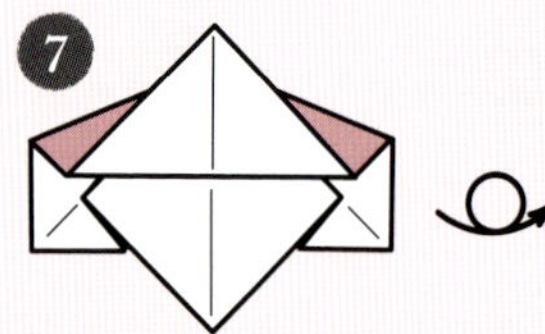

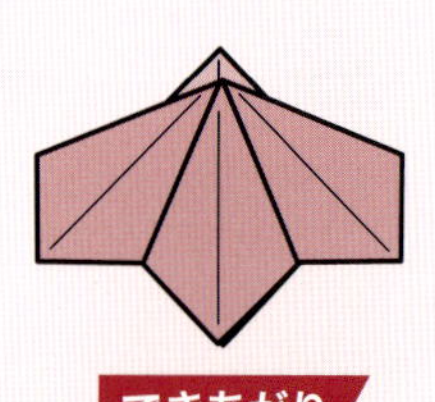

できあがり

富士山

写真 >> p.24

日本のシンボルともいえる富士山。外国の方をお招きした時のテーブルの飾りにいかがでしょう。
春夏秋冬で姿を変えて遊んでみたバリエーションもご紹介します。

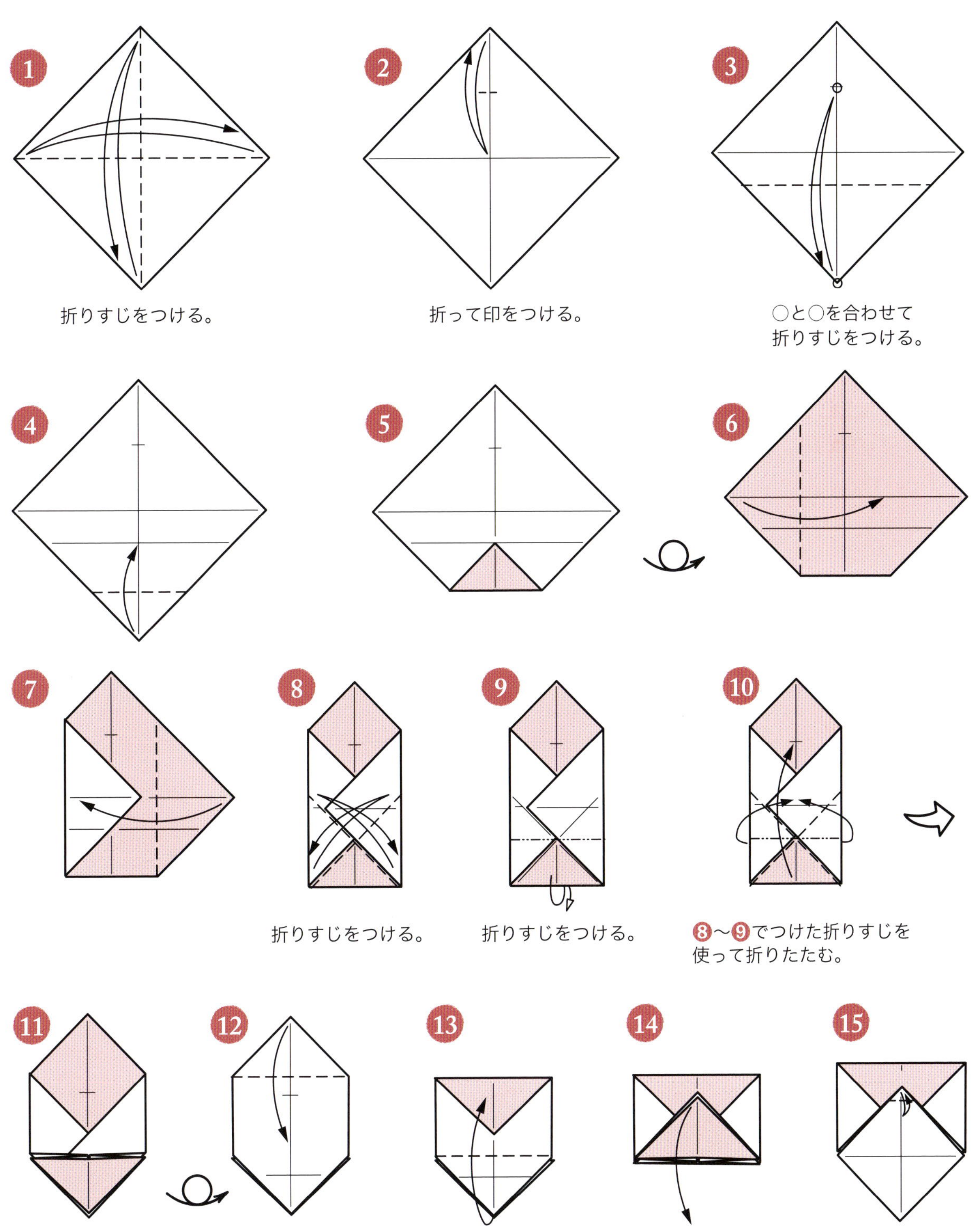
1
折りすじをつける。
2
折って印をつける。
3
○と○を合わせて
折りすじをつける。
4
5
6
7
8
折りすじをつける。
9
折りすじをつける。
10
8～9でつけた折りすじを
使って折りたたむ。
11
12
13
14
上の１枚だけ開く。
15
折りすじをつける。

16

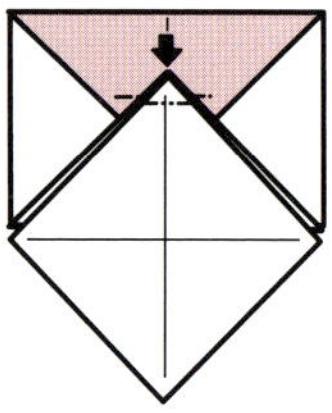

沈め折り

17 途中図

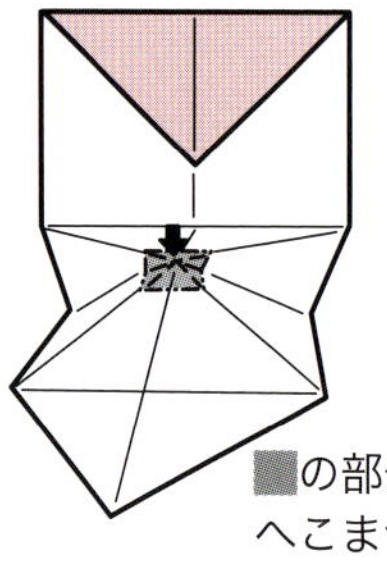

■の部分を押し込こんで
へこませる。

18

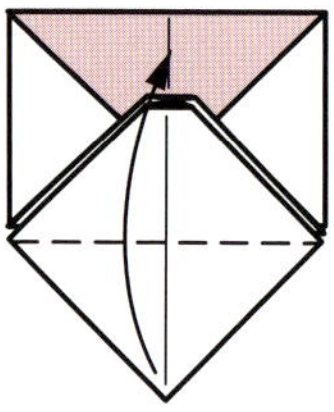

19

20

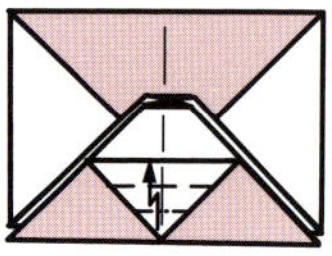

段折り

21

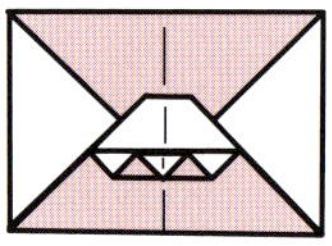

22

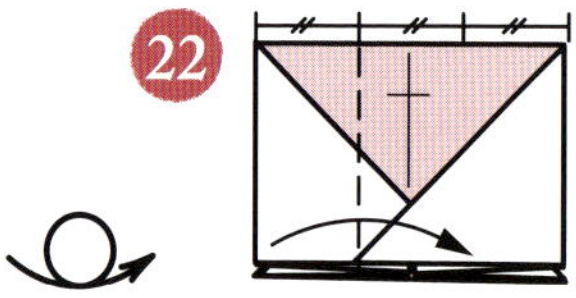

23

折ってさしこむ。

24

25

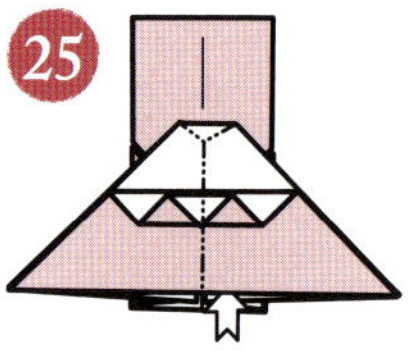

真ん中を少し
ふくらませて
立たせる。

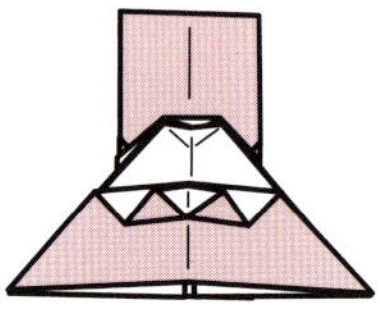

できあがり

小さい花の小枝を
さしたり…

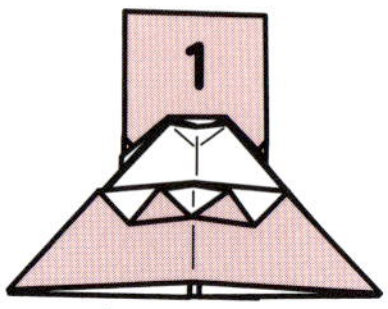

1

席札（番号札）立て
にしたり…

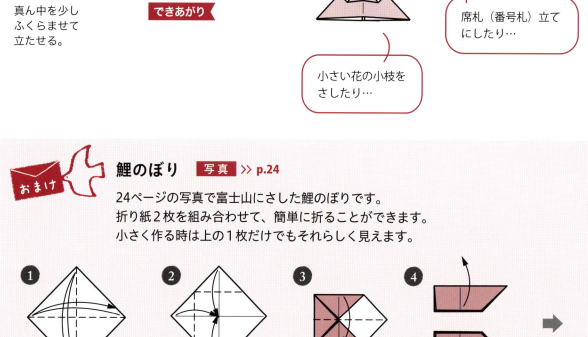

おまけ

鯉のぼり

写真 >> p.24

24ページの写真で富士山にさした鯉のぼりです。
折り紙2枚を組み合わせて、簡単に折ることができます。
小さく作る時は上の1枚だけでもそれらしく見えます。

1

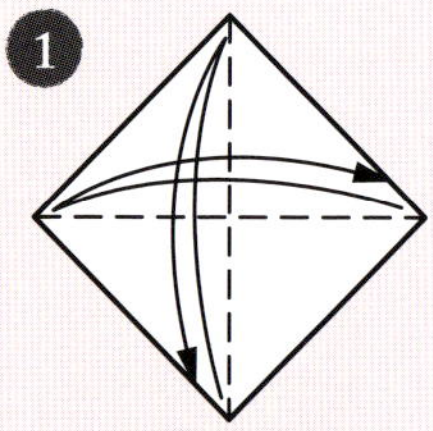

折りすじをつける。

2

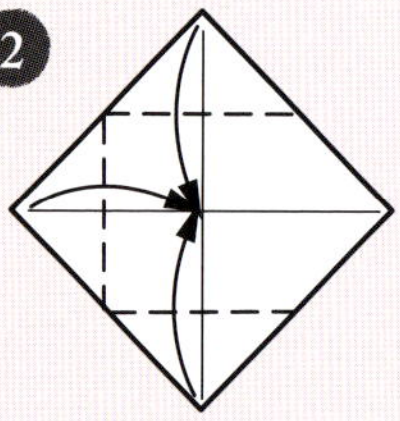

3

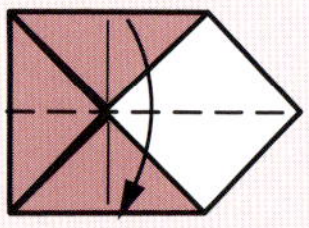

4

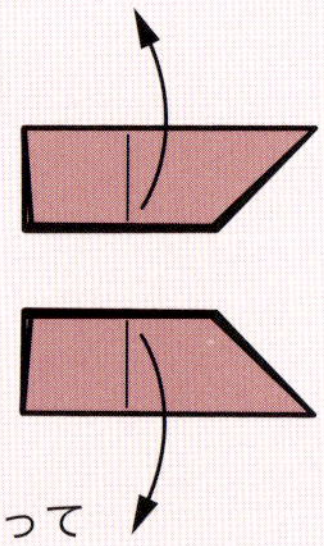

同じものを２枚折って
図のように置き、開く。

次ページに続く

バリエーション

前ページの作品は春の富士山ですが、⑱〜㉑の折り方を変えると、夏、秋、冬の富士山になります

夏

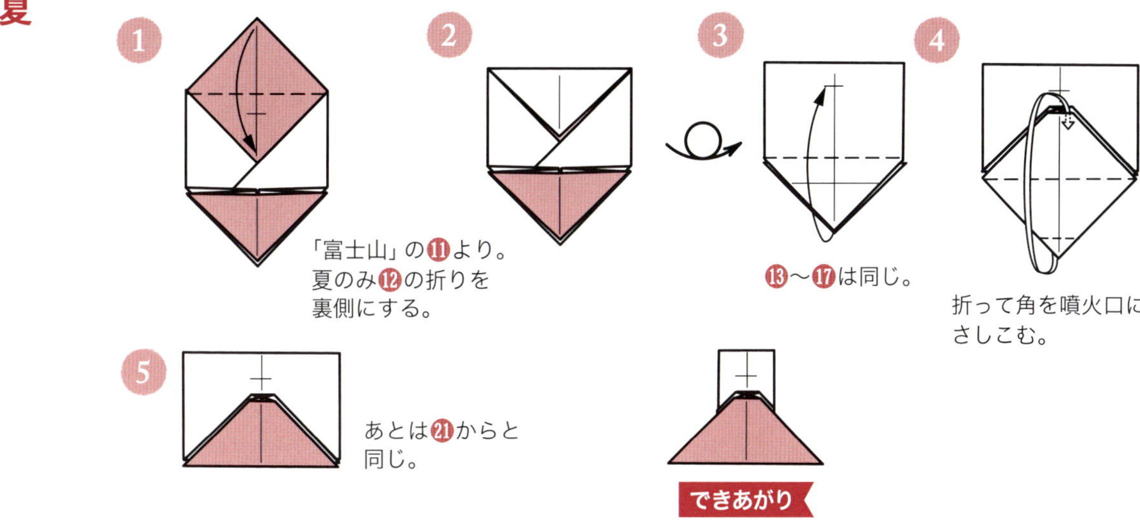
1
2
3
4
「富士山」の⑪より。
夏のみ⑫の折りを
裏側にする。
⑬〜⑰は同じ。
折って角を噴火口に
さしこむ。
5
あとは㉑からと
同じ。
できあがり

秋

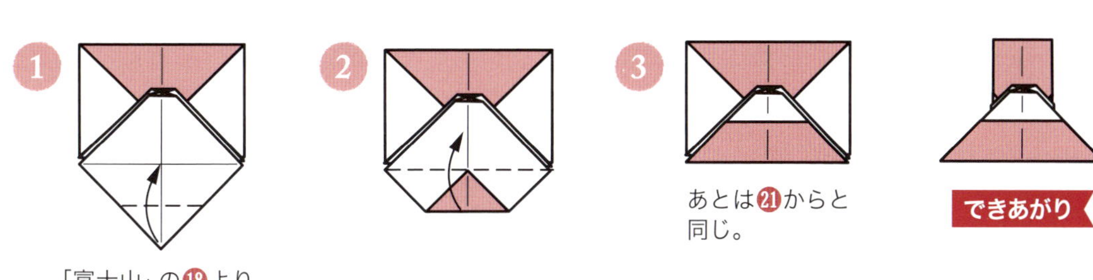
1
2
3
「富士山」の⑱より。
あとは㉑からと
同じ。
できあがり

冬

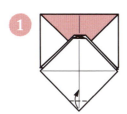

1
2
3
「富士山」の⑱より。
すぐうしろに折って
さしこむ。
あとは㉑からと
同じ。
できあがり

前ページより

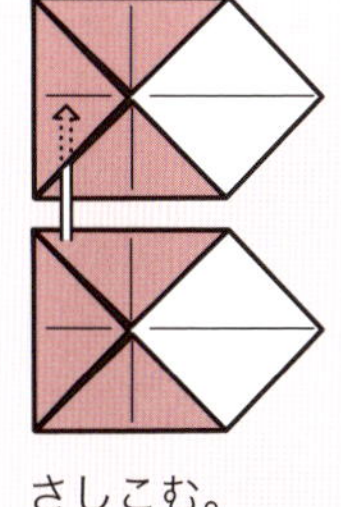
5
さしこむ。

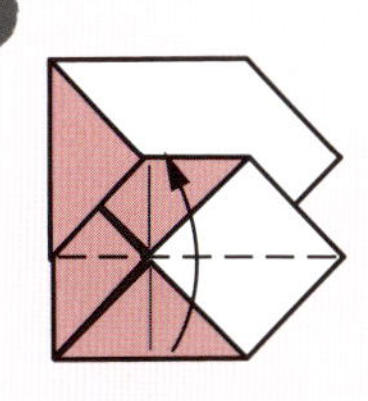
6

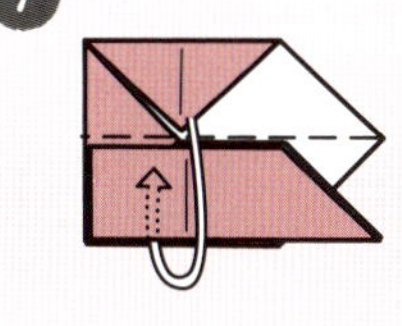
7
折ってさしこむ。

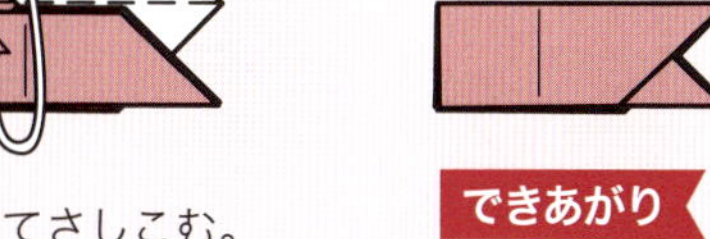
できあがり

七夕

笹の葉

写真 >> p.25

伝承作品の「角香箱（つのこうばこ）」の折り方からできた作品です。

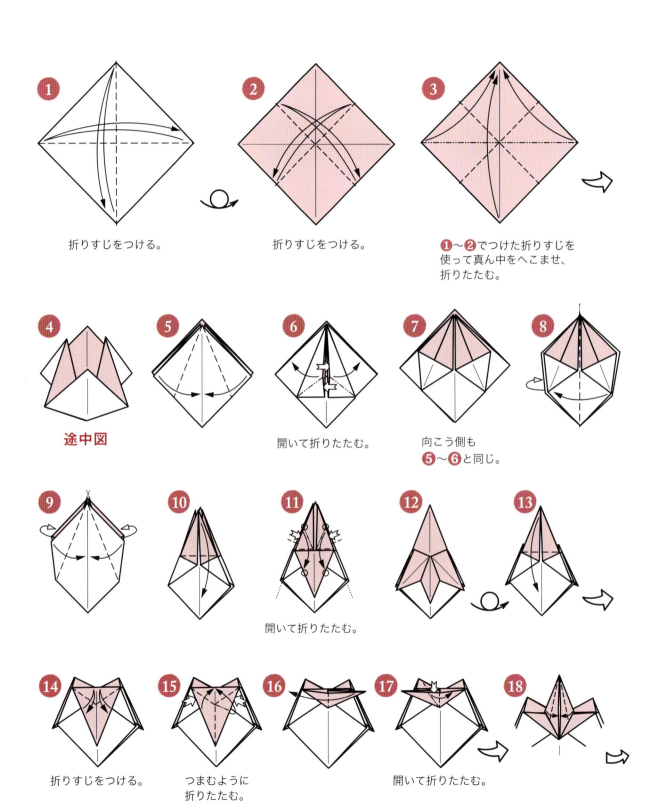

1 折りすじをつける。

2 折りすじをつける。

3 1～2でつけた折りすじを使って真ん中をへこませ、折りたたむ。

4 途中図

5

6 開いて折りたたむ。

7 向こう側も5～6と同じ。

8

9

10

11 開いて折りたたむ。

12

13

14 折りすじをつける。

15 つまむように折りたたむ。

16

17 開いて折りたたむ。

18

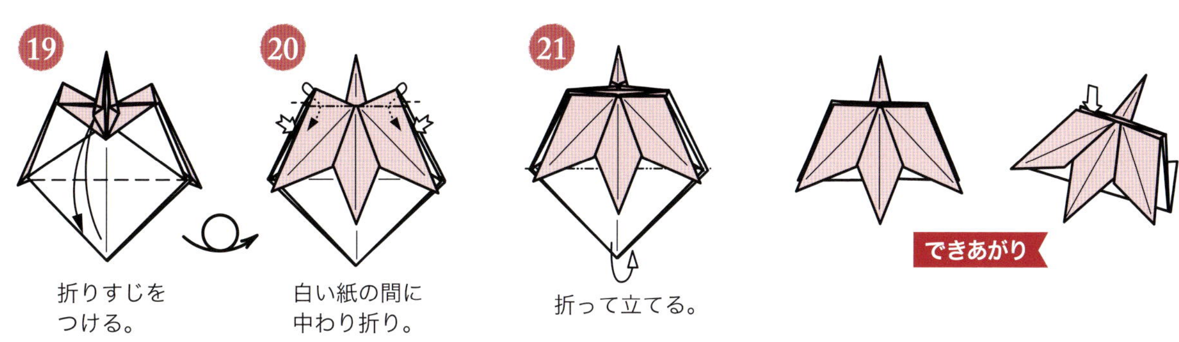
19
折りすじを
つける。
20
白い紙の間に
中わり折り。
21
折って立てる。
できあがり

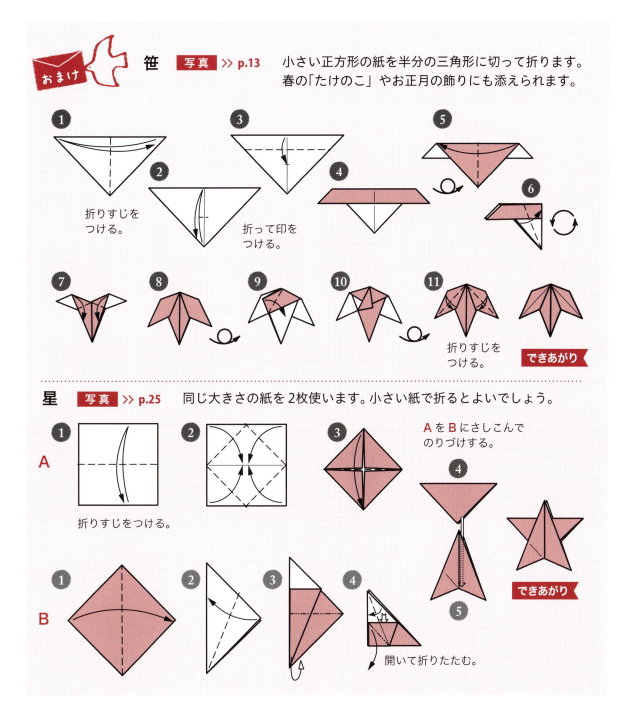

おまけ

笹 写真 >> p.13

小さい正方形の紙を半分の三角形に切って折ります。
春の「たけのこ」やお正月の飾りにも添えられます。

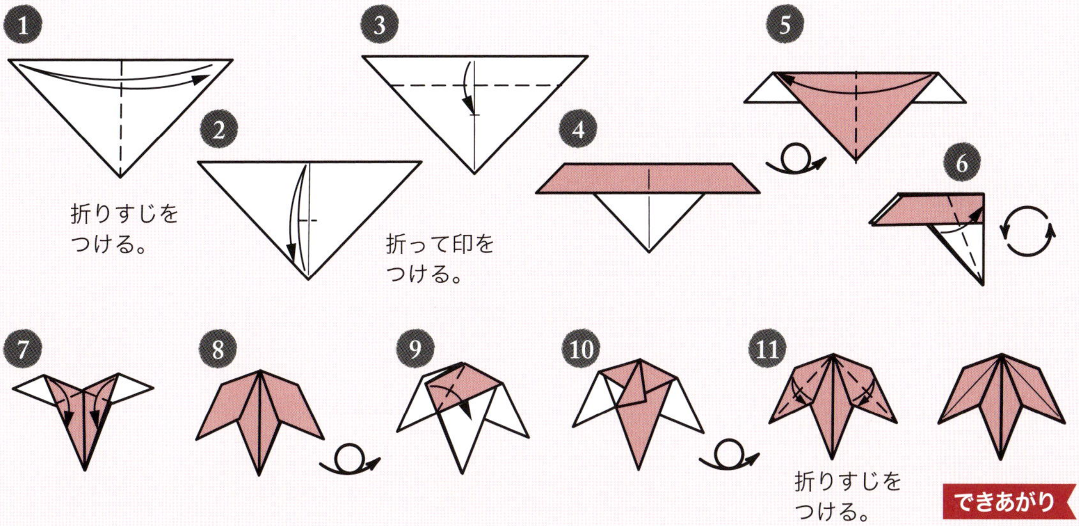

1 折りすじをつける。

2

3 折って印をつける。

4

5

6

7

8

9

10

11 折りすじをつける。

できあがり

星 写真 >> p.25

同じ大きさの紙を2枚使います。小さい紙で折るとよいでしょう。

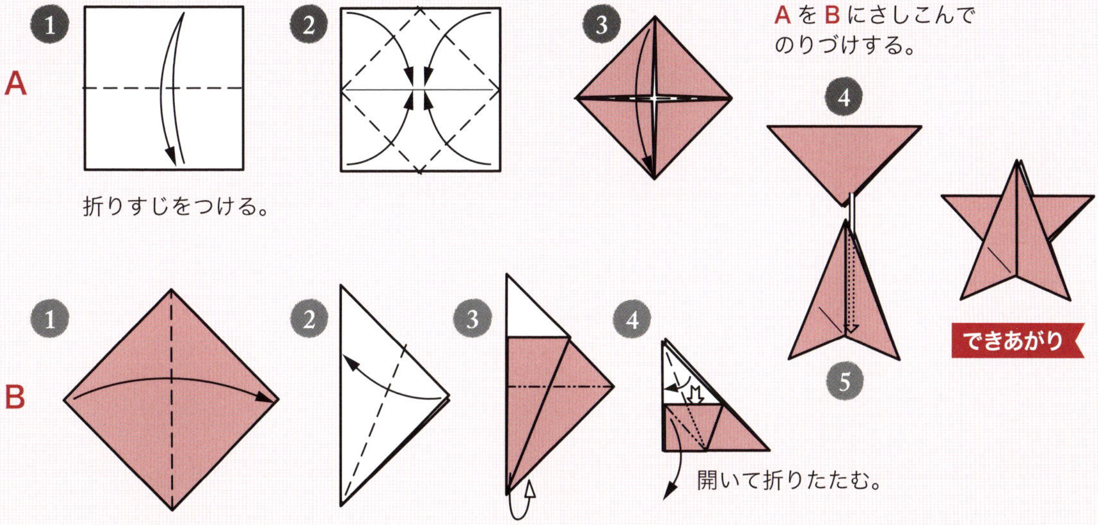

A

1 折りすじをつける。

2

3

AをBにさしこんでのりづけする。

4

5

できあがり

B

1

2

3

4 開いて折りたたむ。

重陽の節句
ちょうよう

菊

写真 >> p.10、26

「フレーベルの模様折り」からヒントを得てできた作品です。
葉っぱを折り出すところが少し硬いですが、しっかり折りましょう。
白や紫などの紙で折れば、法事などの席にも役立ちます。

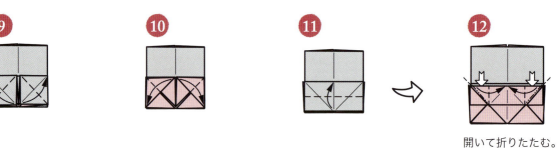

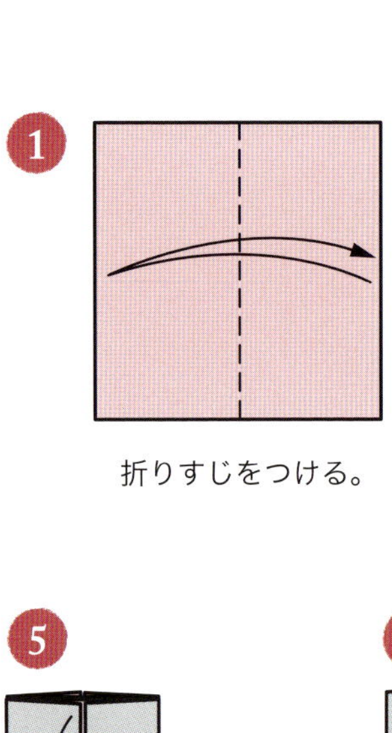
1

折りすじをつける。

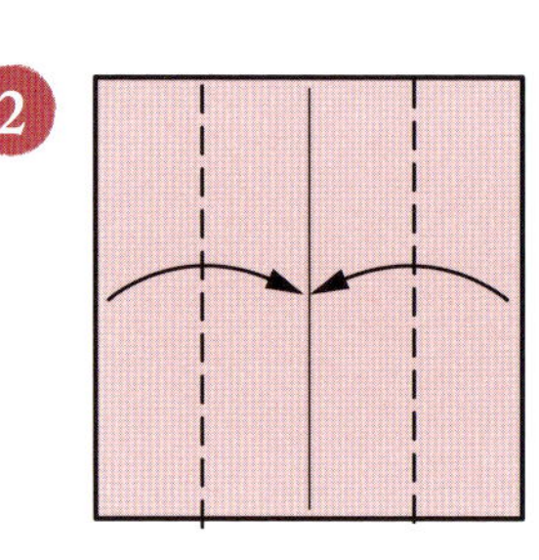
2

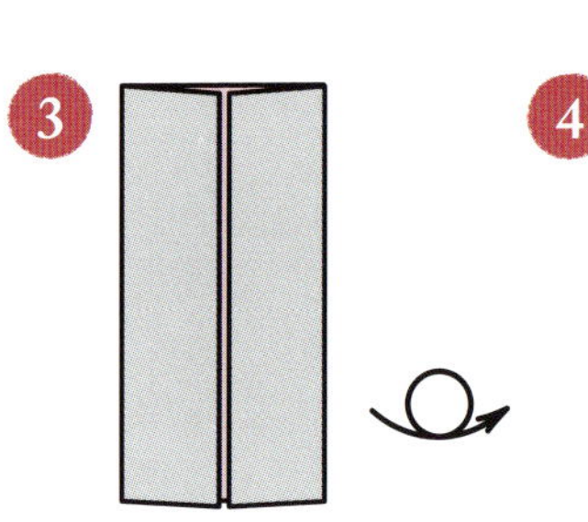
3

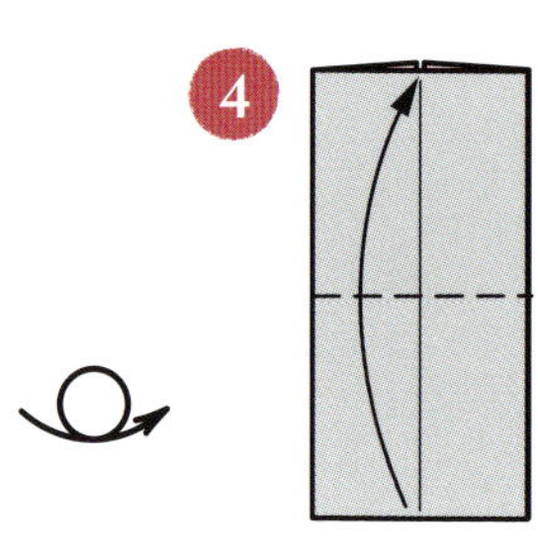
4

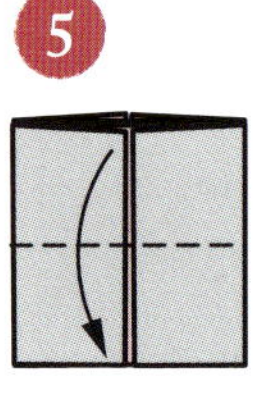
5

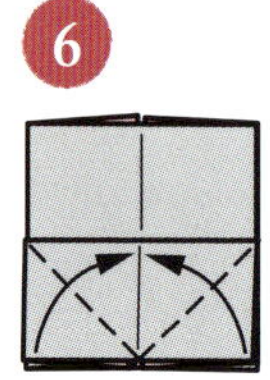
6

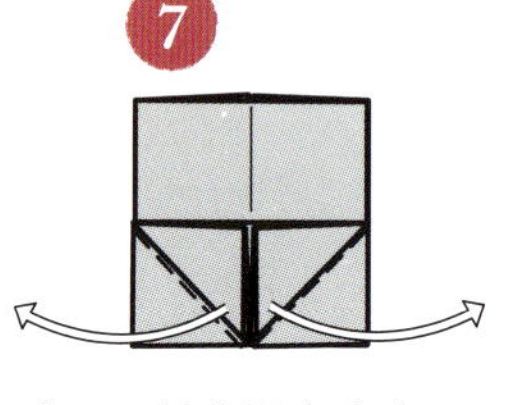
7

上の１枚を引き出す。

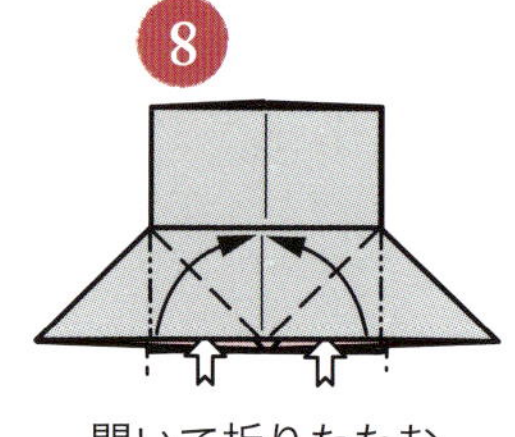
8

開いて折りたたむ。

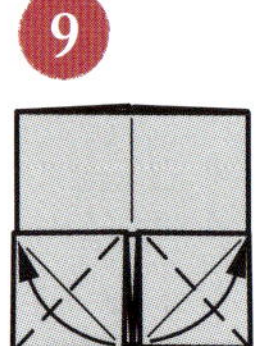
9

10

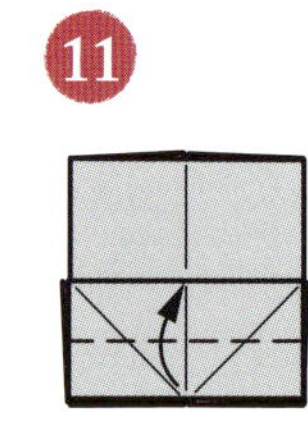
11

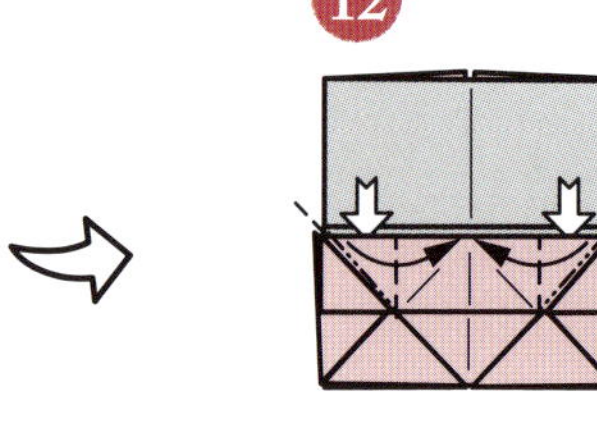
12

開いて折りたたむ。

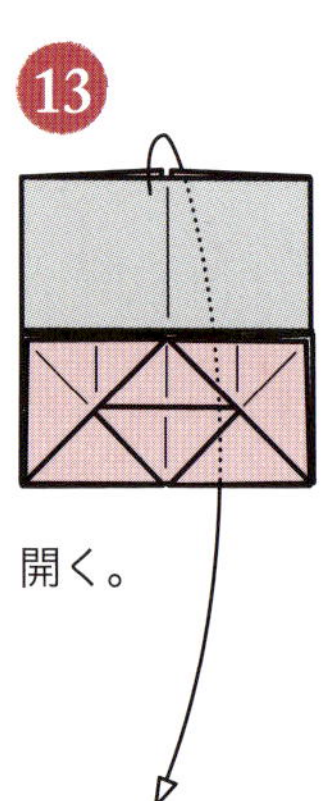
13

開く。

14

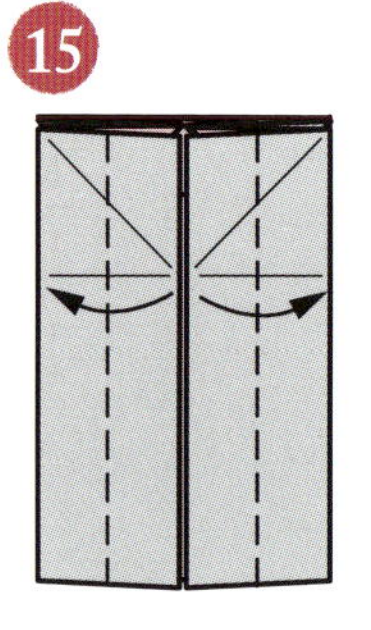
15

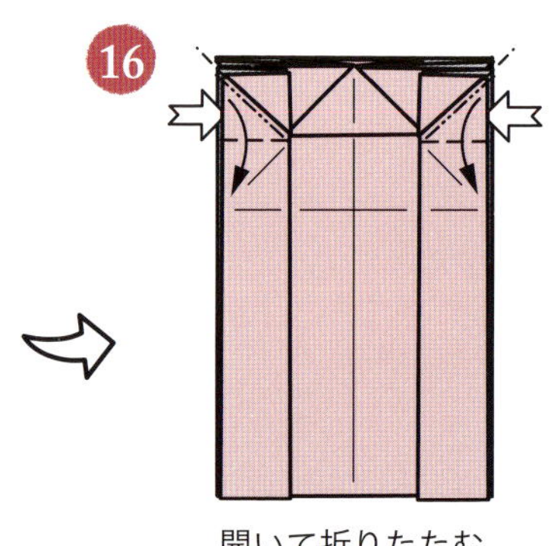
16

開いて折りたたむ。

17

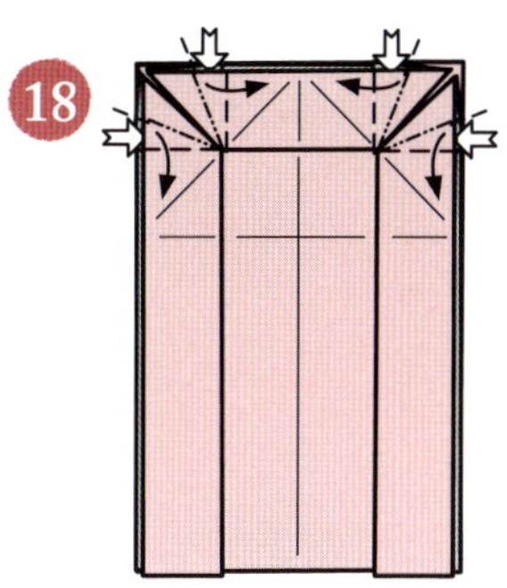
18

開いて折りたたむ。

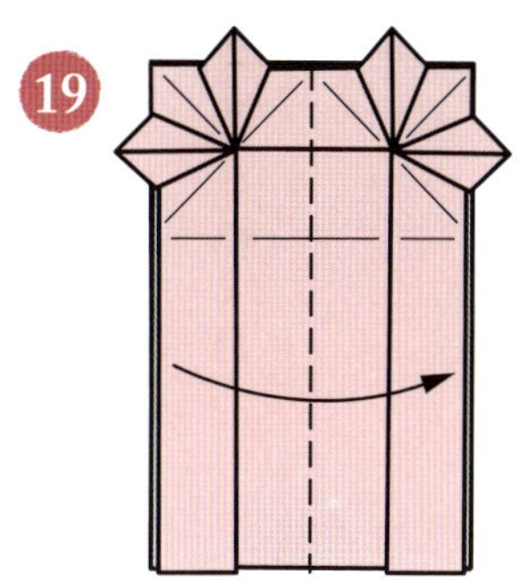
19

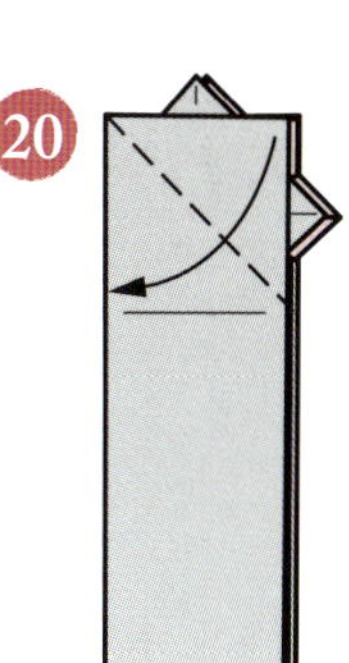
20

21

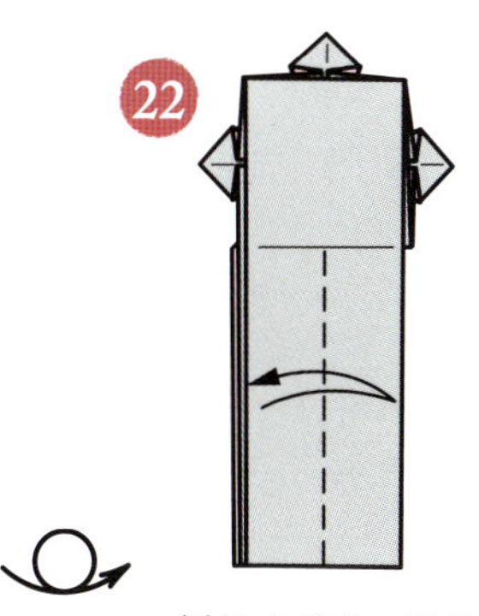
22

折りすじをつける。

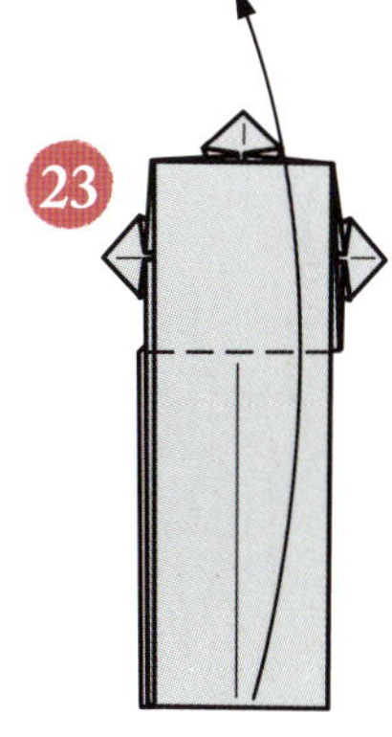
23

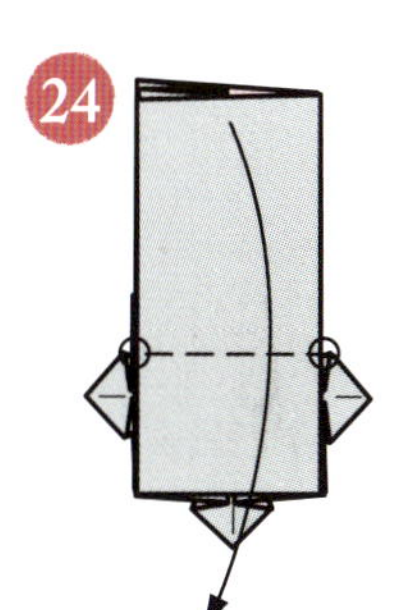
24

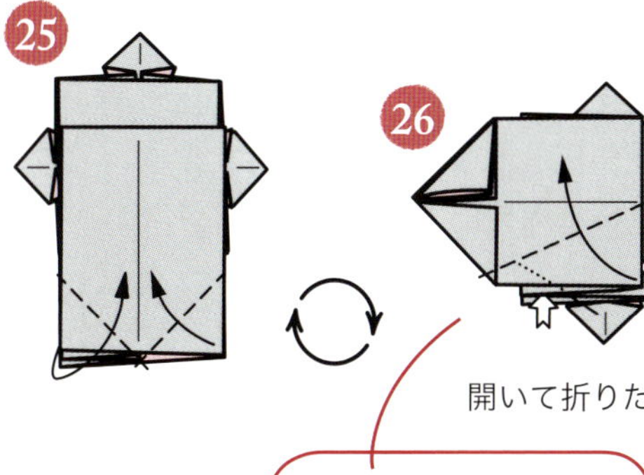
25
26

開いて折りたたむ。

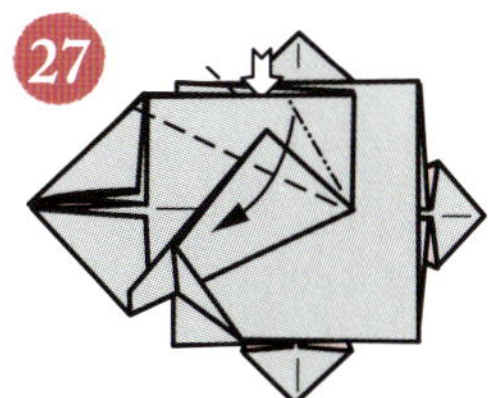
27

開いて折りたたむ。

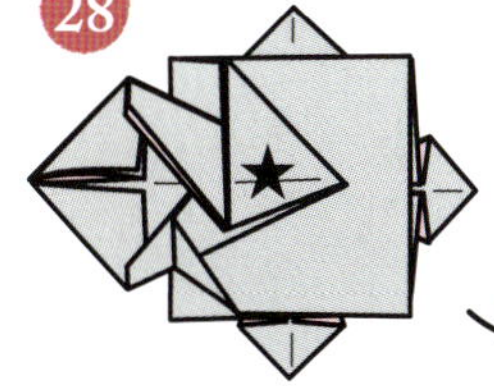
28

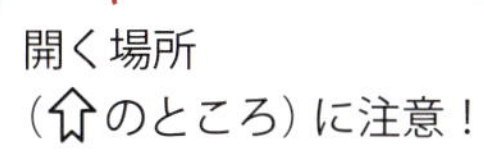
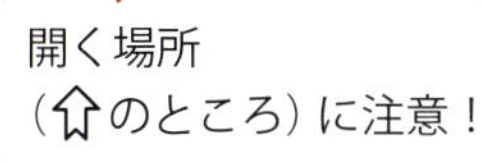

開く場所
（⇧のところ）に注意！

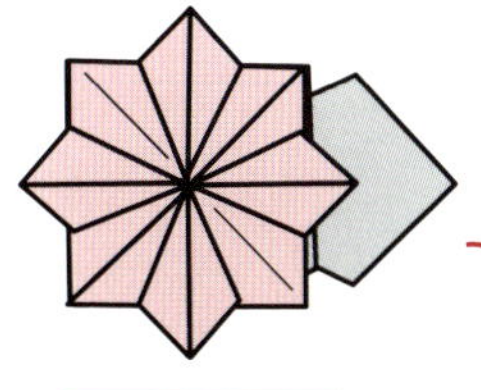

28の★の部分を起こすと
立てられます。

できあがり

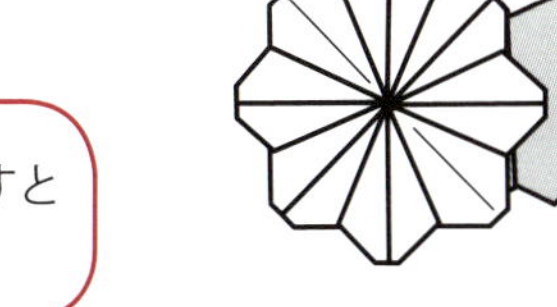

花びらの先の角を
折って丸くすると、
やわらかい印象に。

たとうとコインケース

四季のたとう

写真 >> p.27

「たとう」（27 ページ参照）の基本の折り方を応用して、四季それぞれの景色を折り出してみました。四隅にぼかしの入っている「ハーモニーおりがみ」などを使って折るときれいです。

星〈夏〉

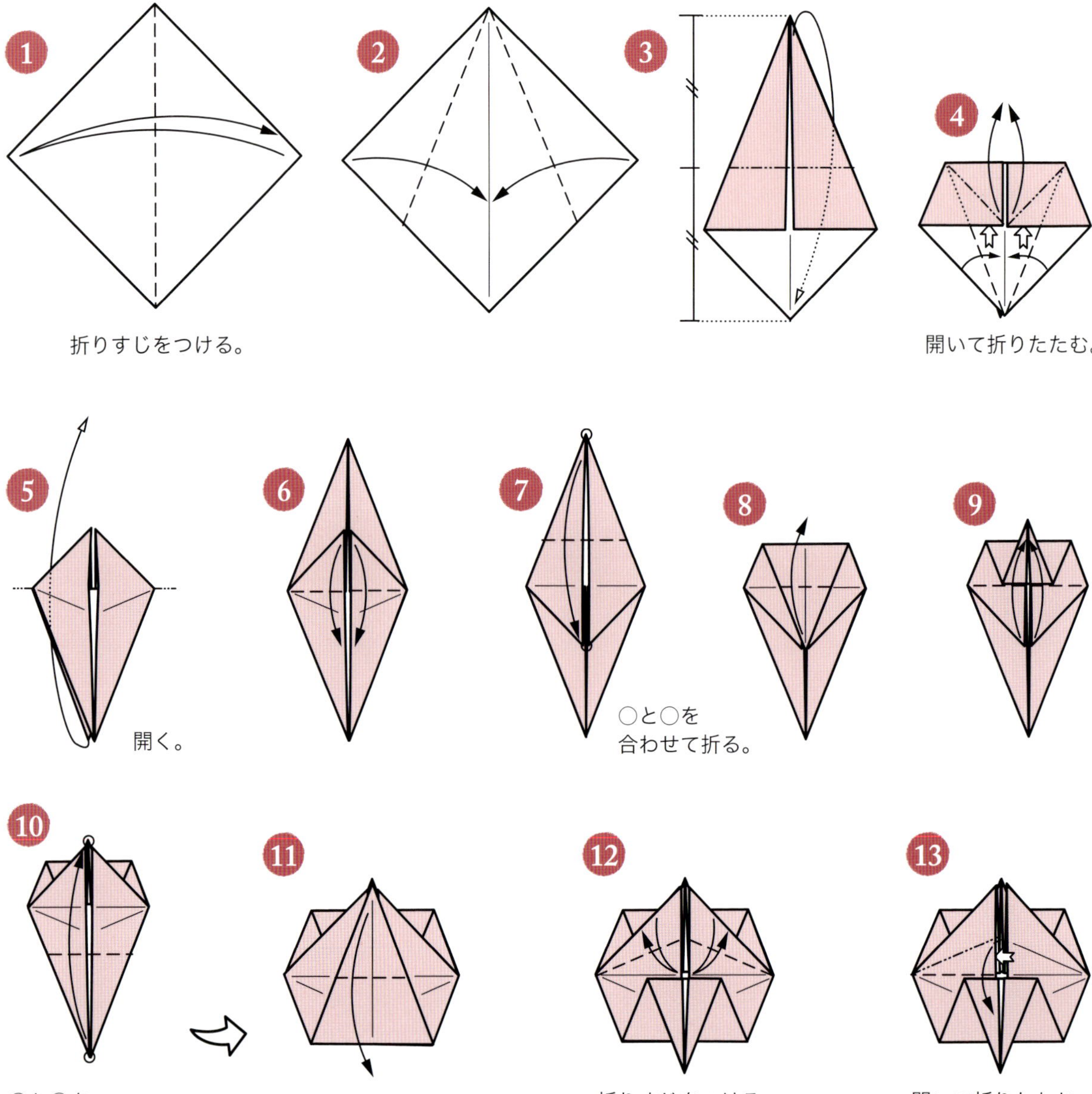
1
折りすじをつける。
2
3
4
開いて折りたたむ。
5
開く。
6
7
○と○を
合わせて折る。
8
9
10
○と○を
合わせて折る。
11
12
折りすじをつける。
13
開いて折りたたむ。

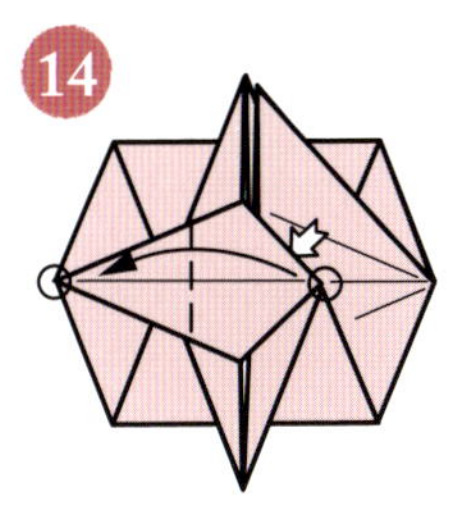
○と○を合わせて
開く。

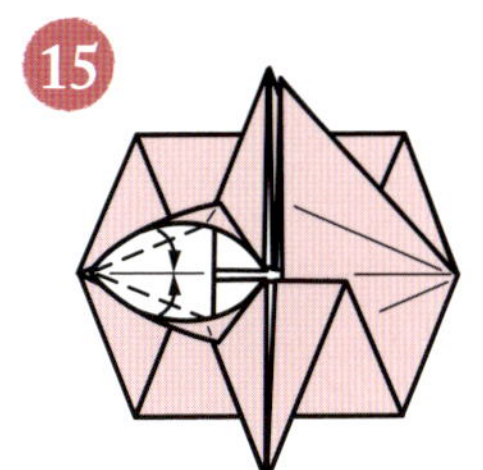
折りたたむ。

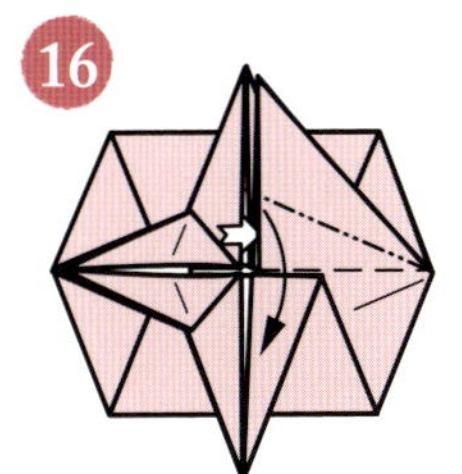
反対側も⑬〜⑮と同じ。

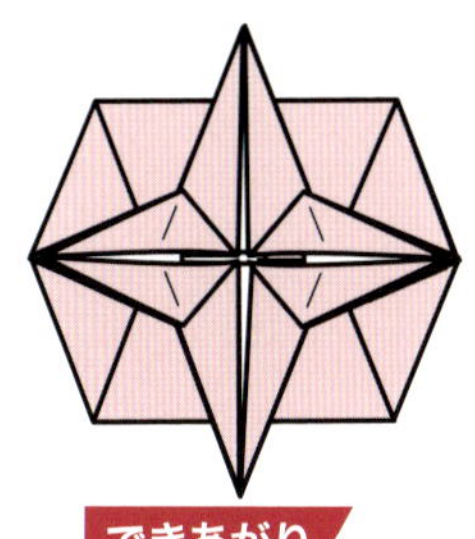
できあがり

クローバー〈春〉

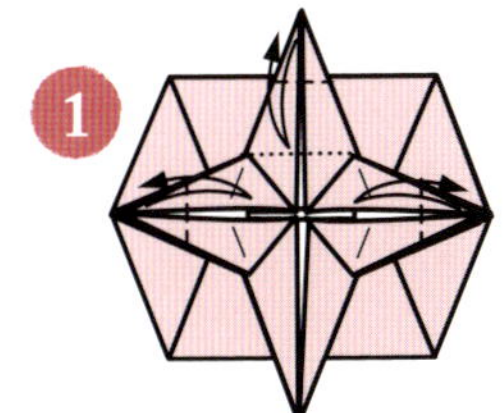
「星〈夏〉」の
「できあがり」から。
折りすじをつける。

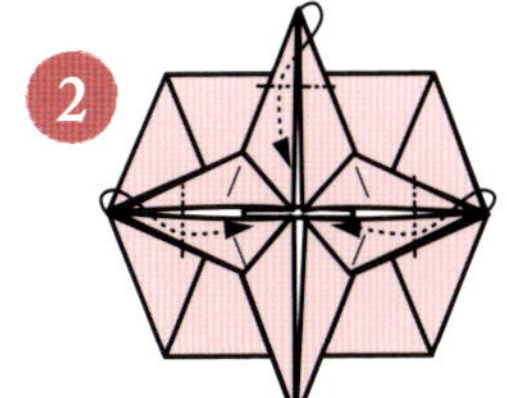
角を中に折り入れる。

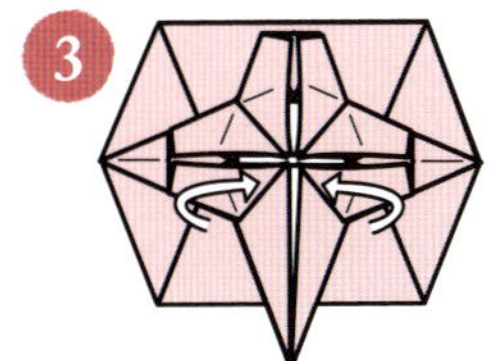
中に入っている部分を
上に出す。

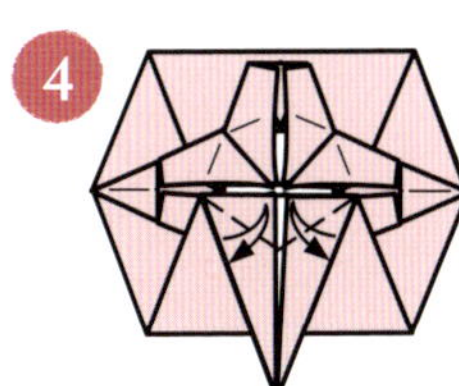
折りすじをつける。

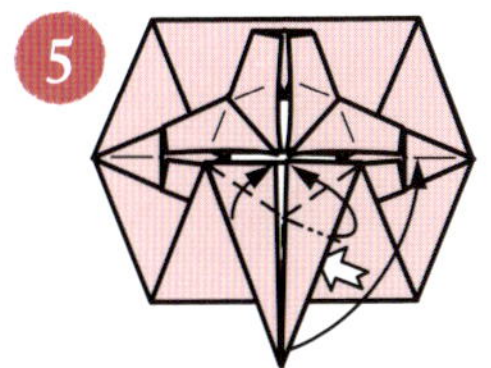
つまむように折り
たたむ。

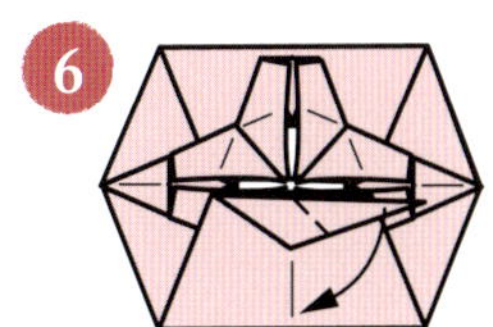

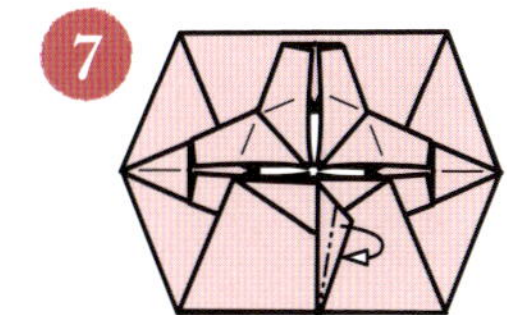

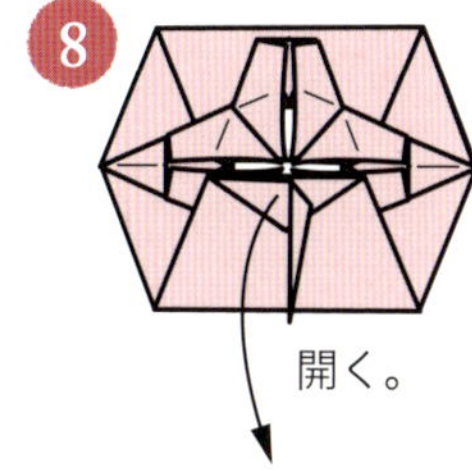
開く。

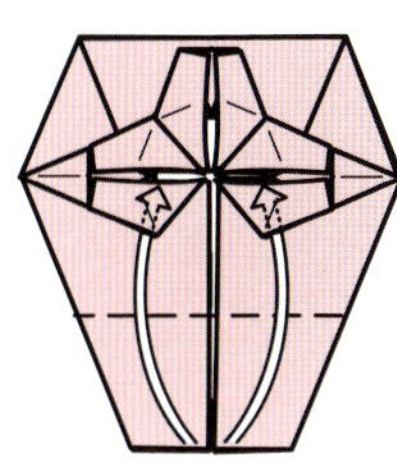
折ってさしこむ。

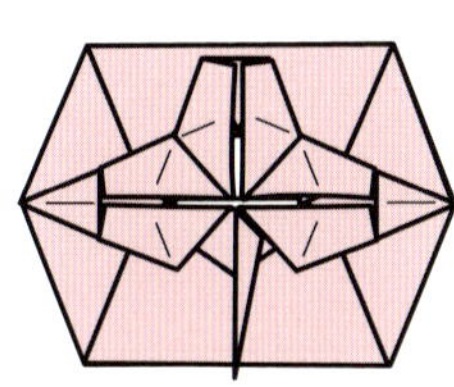
できあがり

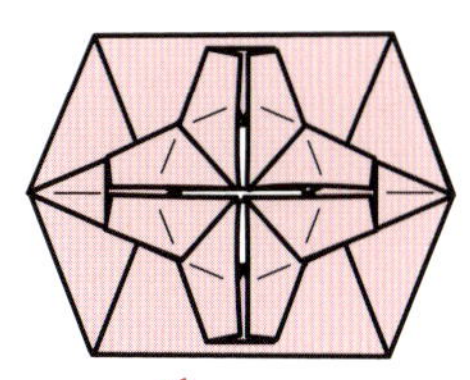

❶〜❷で、葉の軸になる
下の部分も、他の３か所と
同じように折ると、四葉の
クローバーができます。

紅葉〈秋〉

1

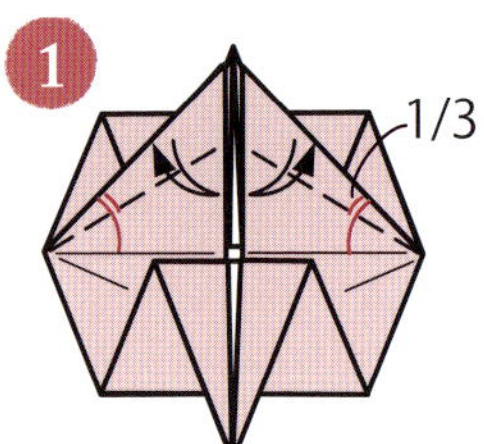
1/3

「星〈夏〉」の⑫より。

2

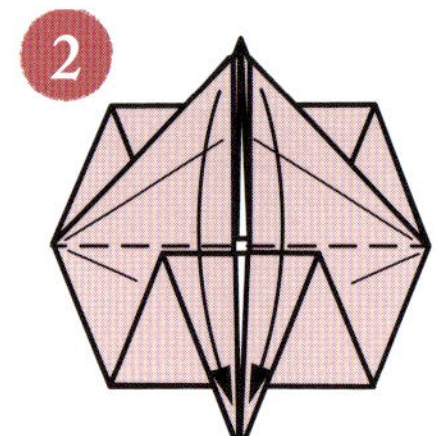

3

❶でつけた折りすじを使い、
開いて折りたたむ。

4

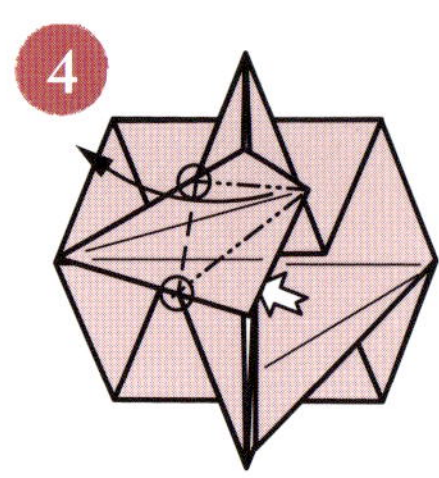

開いて折りたたむ。

5

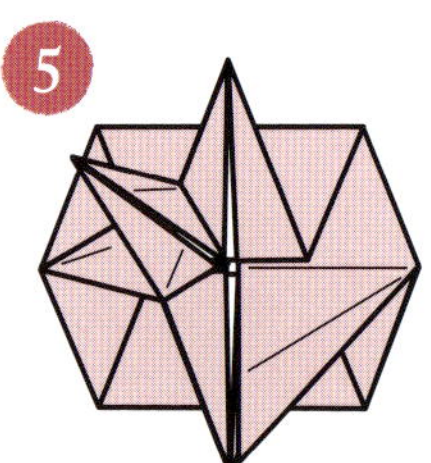

反対側も❸〜❹と同じ。

6

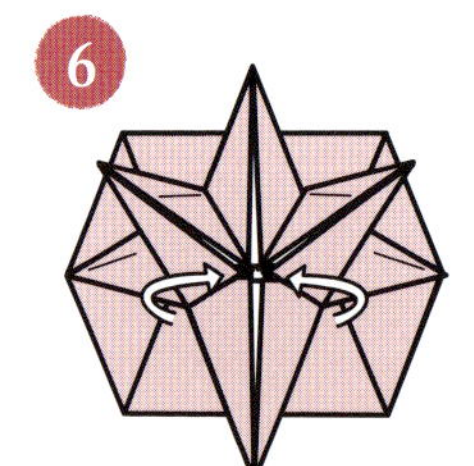

軸の部分は「クローバー〈春〉」
の❸〜❾と同じ。

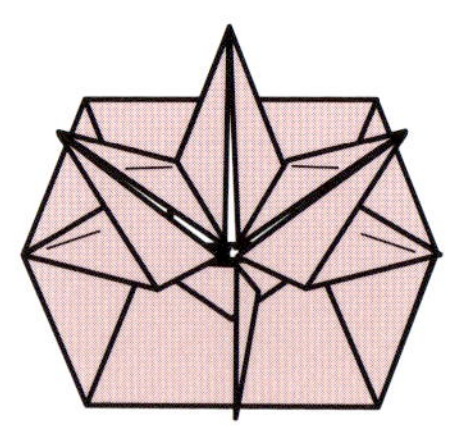

できあがり

鶴〈冬〉

1

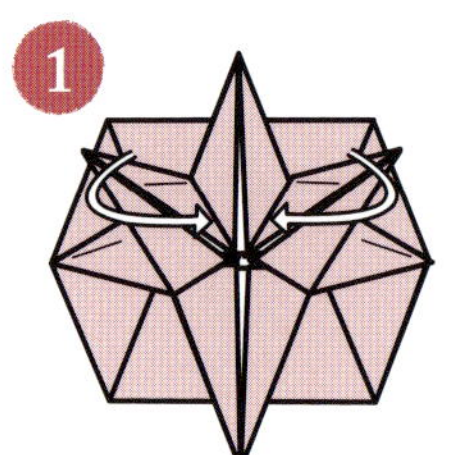

「紅葉〈秋〉」の❻より。
中に入っている部分を
上に出す。

2

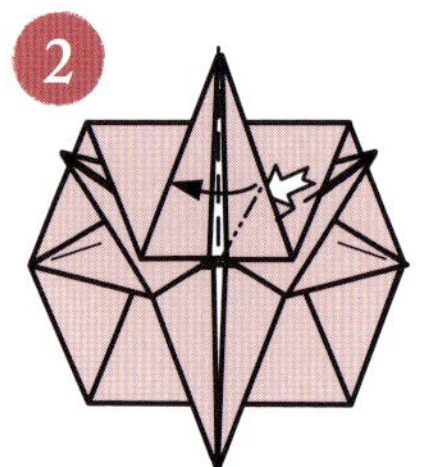

開いて折りたたむ。

3

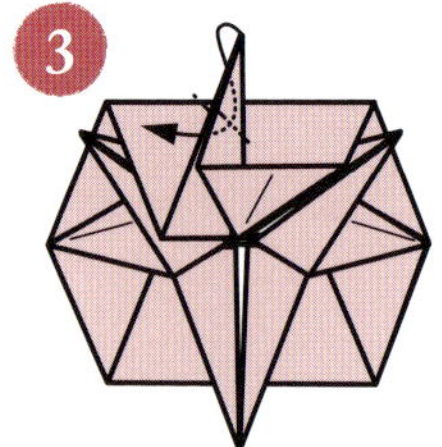

中わり折り。

4

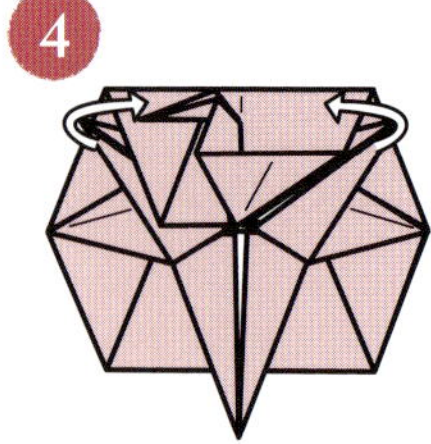

下にある部分を上に
かぶせる。

5

中に入っている部分を
上に出す。

6

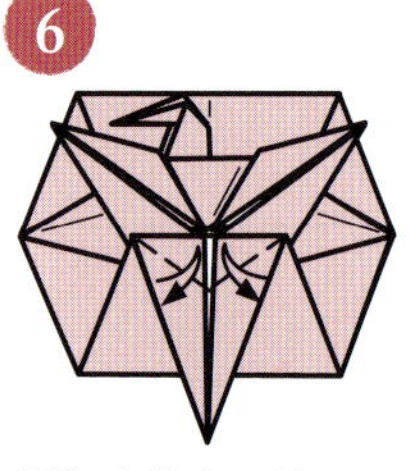

折りすじをつける。

7

つまむように折りたたむ。

8

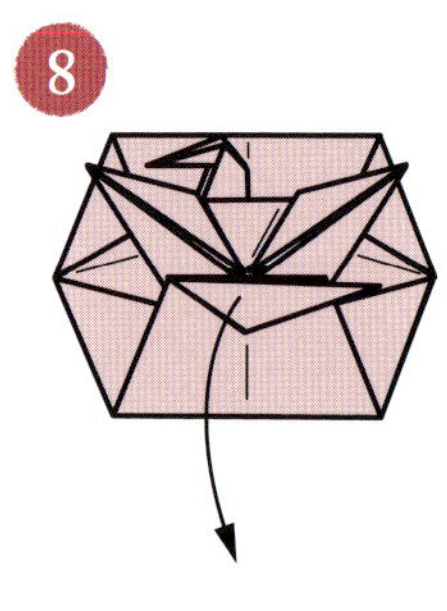

開く。

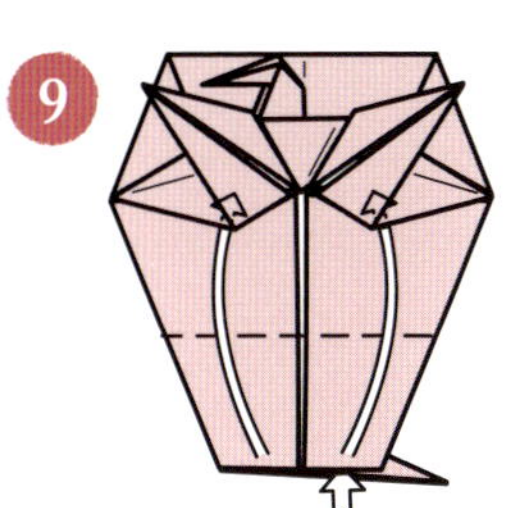

折ってさしこむ。

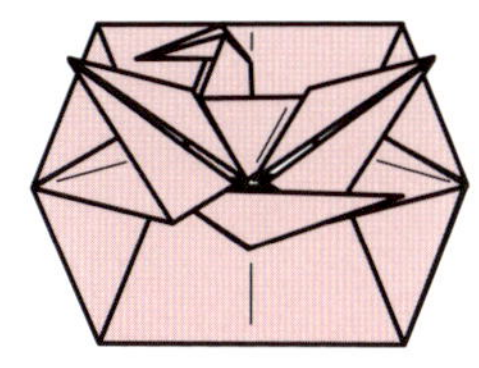

できあがり

参考作品

紅入れ

次ページの「金魚」と 88ページの「ウミガメ」のコインケースの原型となった伝承作品です。

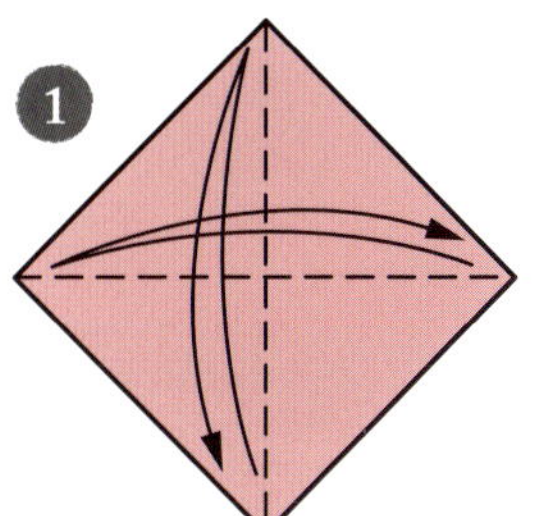

折りすじをつける。

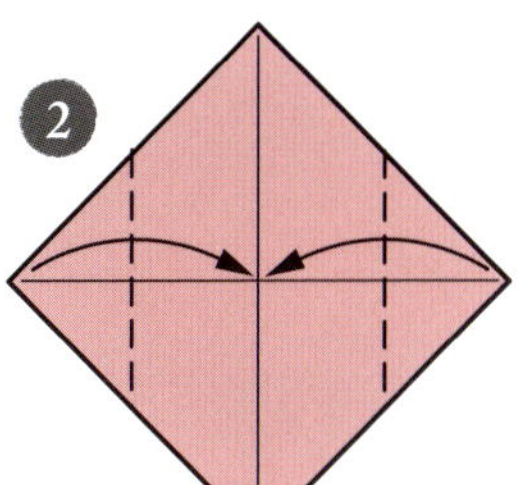

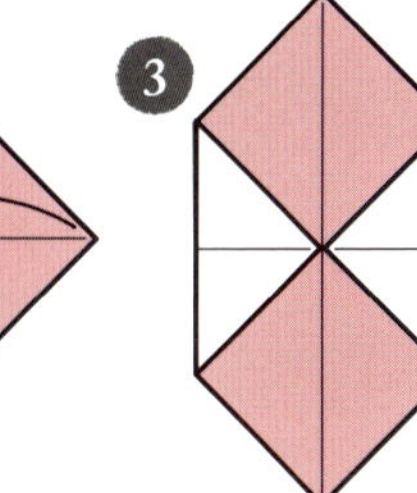

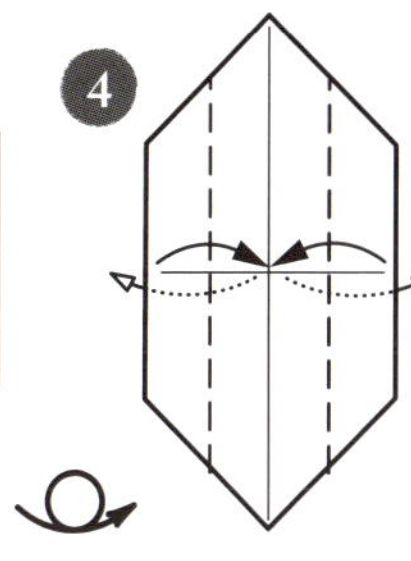

うしろの角を
引き出しながら折る。

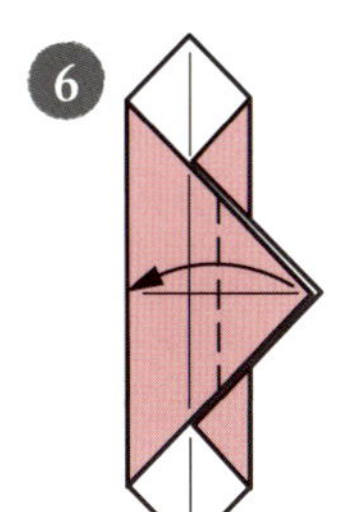

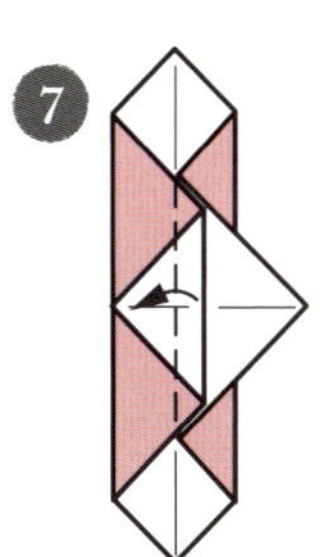

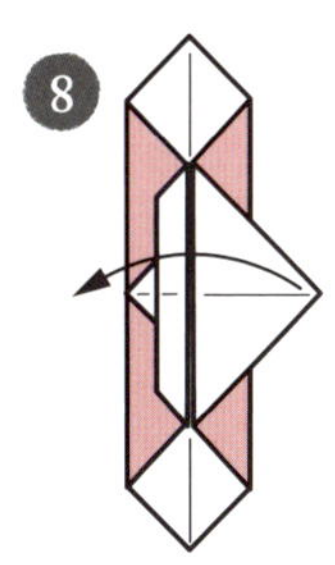

反対側も❺～❼と同じ。

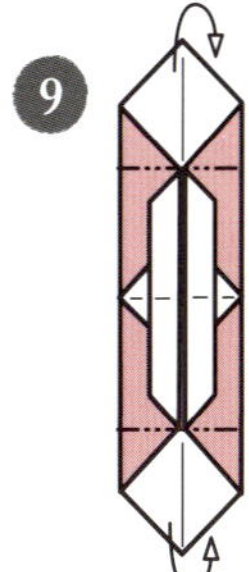

紅入れ

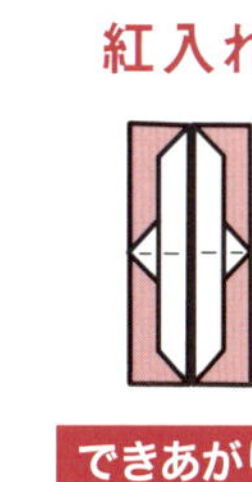

できあがり

❾の折り方を少し変えた例です。
24 × 24cm の紙で折ると、ポケットティッシュが入るティッシュケースになります。

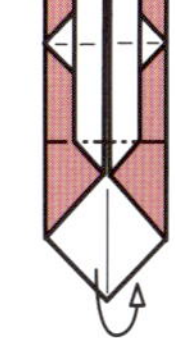

上の❾より。

できあがり

金魚のコインケース

写真 ≫ p.28

次の「ウミガメ」とともに伝承作品の「紅入れ」（前ページ）の形がもとになった作品です。
ブリキの「金魚」の形をイメージして作ったので、ずんぐりした形になりました。
中国では「金魚」がおめでたいものとして喜ばれるようです。

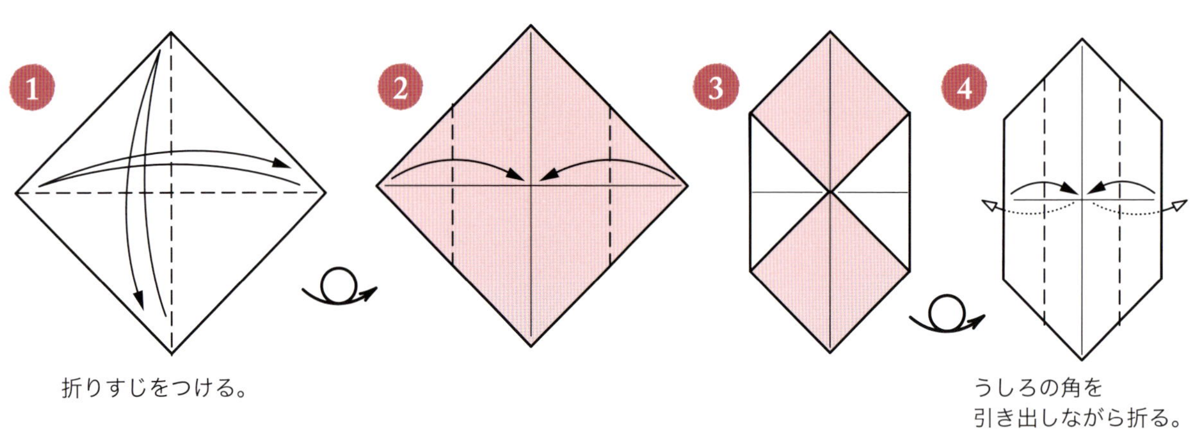
1
2
3
4
折りすじをつける。
うしろの角を
引き出しながら折る。

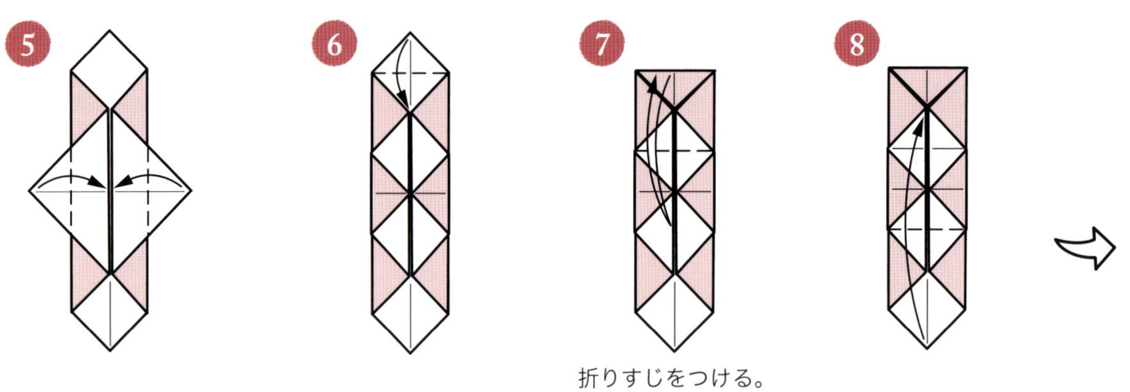
5
6
7
8
折りすじをつける。

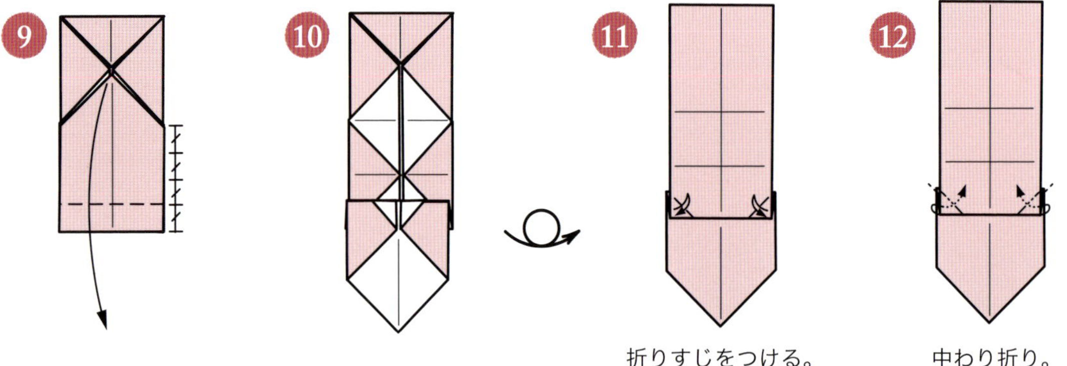
9
10
11
12
折りすじをつける。
中わり折り。

13

14

15

ほんの少しななめに
折る。

16

17

折ってさしこむ。

18

19

20

21

22

23

もどす。

24

開く。

25

折りすじを
つけ直す。

できあがり

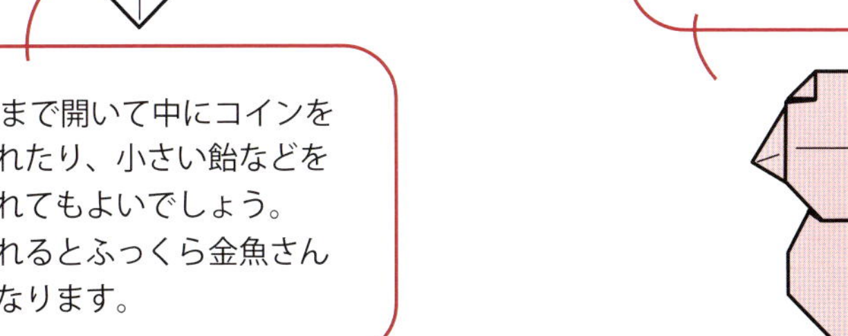

⑰まで開いて中にコインを
入れたり、小さい飴などを
入れてもよいでしょう。
入れるとふっくら金魚さん
になります。

500

⑲まで折ったところで完成に
しても OK。
尾びれにひだがないシンプル
な金魚になります。

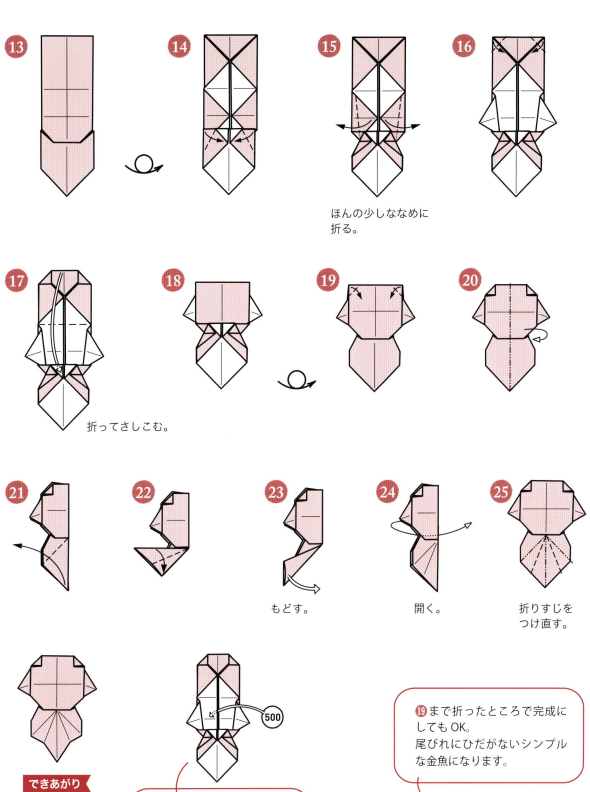

ウミガメのコインケース

写真 >> p.28

15×15cm の折り紙で折ると 500 円玉が入りますが、7.5×7.5cm の紙で小さく折ったものに 5 円玉を入れて、「ご縁がありますように」とお渡ししてもいいですね。

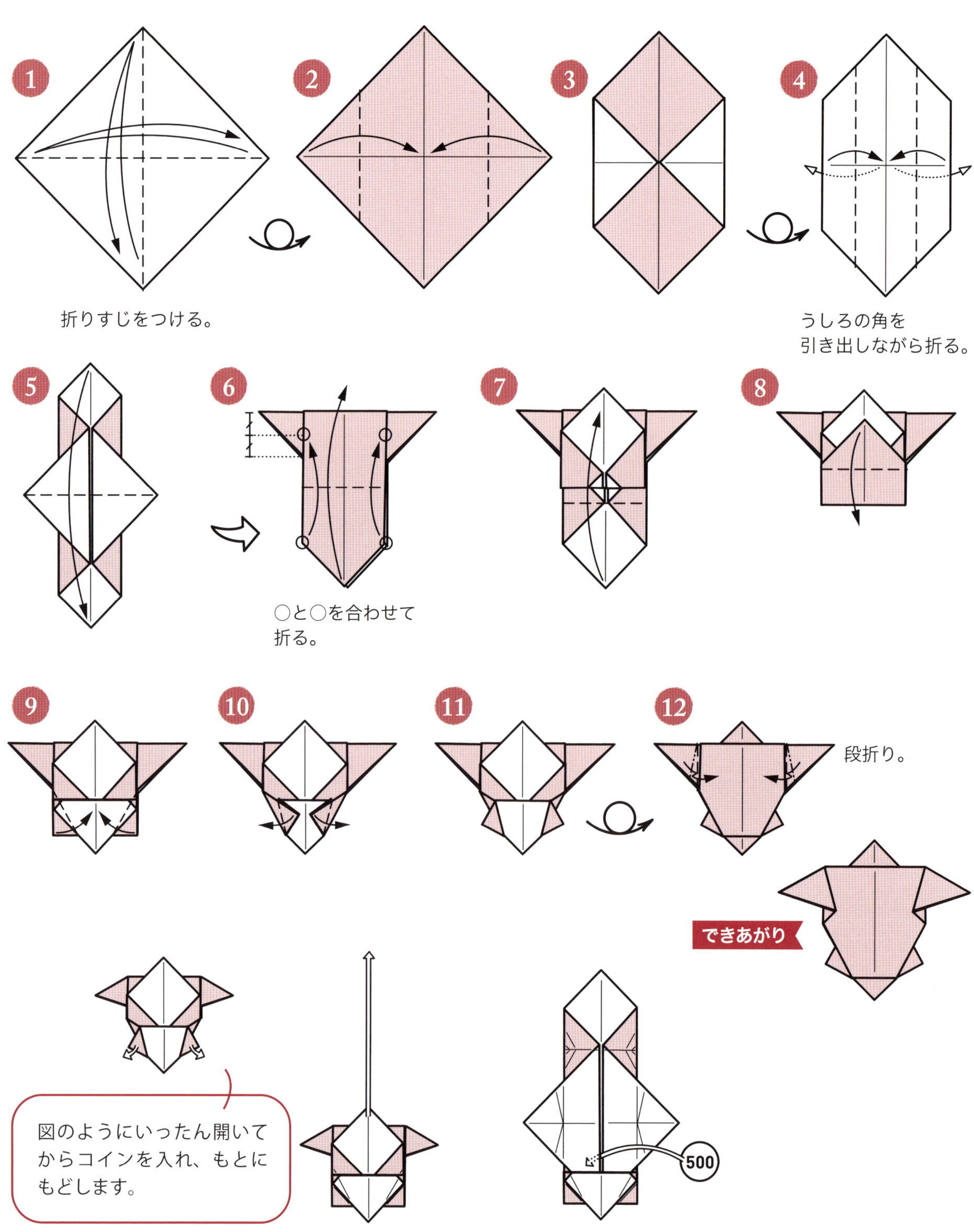
1
折りすじをつける。
2
3
4
うしろの角を
引き出しながら折る。
5
6
○と○を合わせて
折る。
7
8
9
10
11
12
段折り。
できあがり
図のようにいったん開いてからコインを入れ、もとにもどします。
500

ケロちゃんのコインケース

写真 >> p.28

子供の頃、コインを手(?)にのせるとパクっと食べてしまう、カエルさんの貯金箱を持っていました。
この作品は平面ですが、大きな口でコインを飲み込んでしまうところが似ています。
コインをお渡しする時や、お返しする時にも最適ですよ!

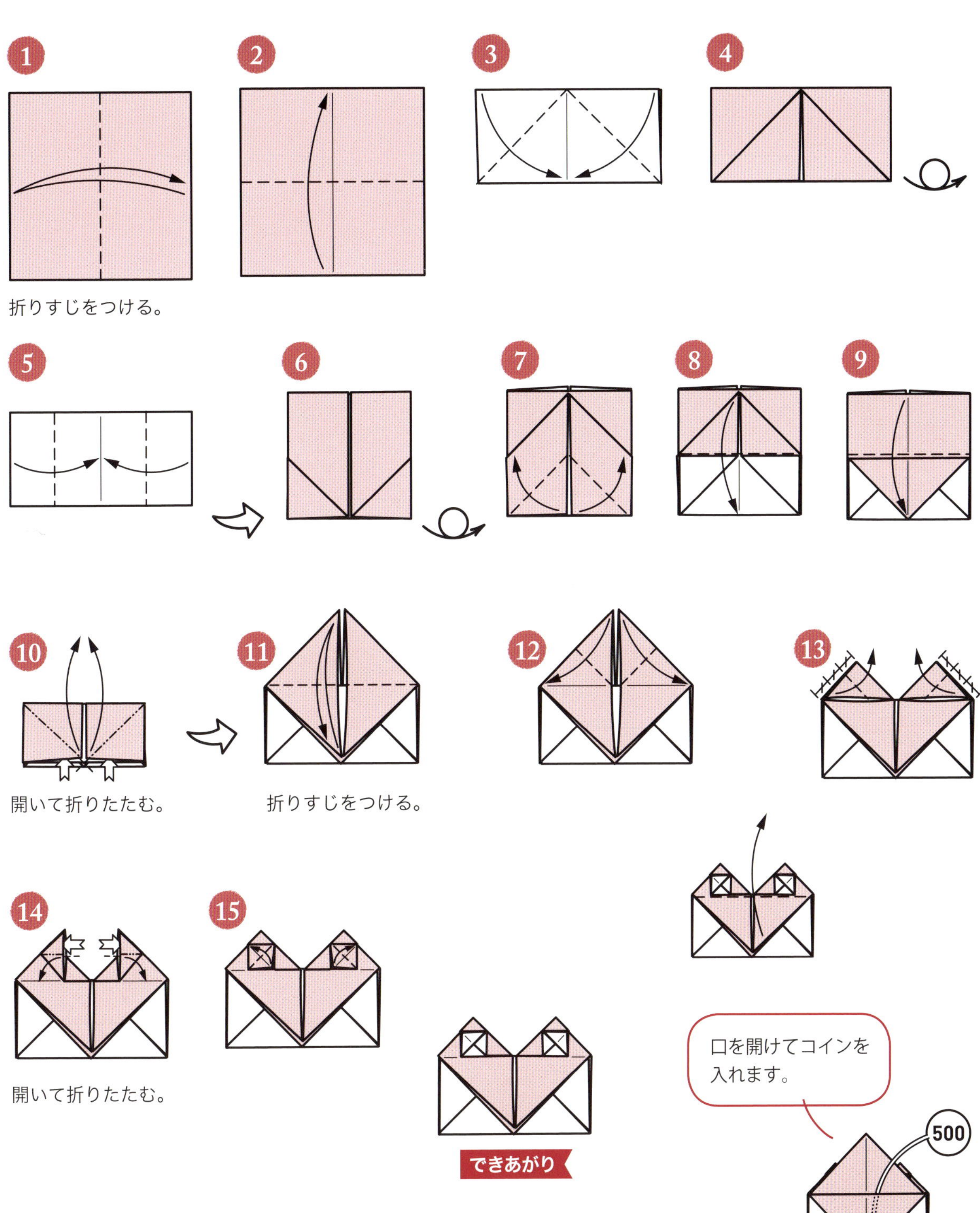
1
2
3
4
折りすじをつける。
5
6
7
8
9
10
11
12
13
開いて折りたたむ。
折りすじをつける。
14
15
開いて折りたたむ。
口を開けてコインを入れます。
500
できあがり

鶴の五角(合格)コインケース

写真 >> p.30

❺までは 75ページの「富士山」と同じ折り方です。
「五角→合格」の願いを込めて、お守りやメッセージを入れて贈りましょう。

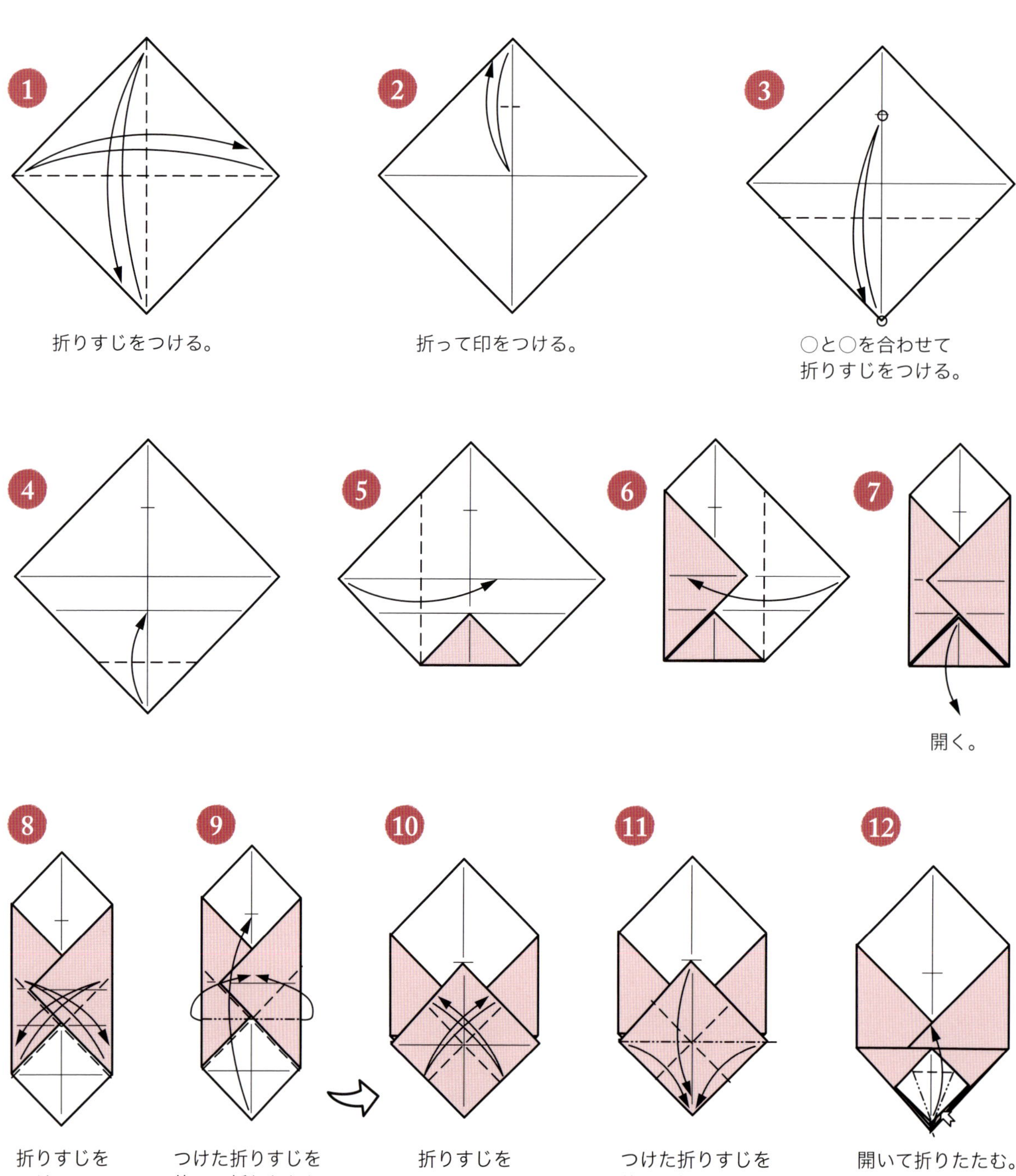
1
折りすじをつける。
2
折って印をつける。
3
○と○を合わせて
折りすじをつける。
4
5
6
7
開く。
8
折りすじを
つける。
9
つけた折りすじを
使って折りたたむ。
10
折りすじを
つける。
11
つけた折りすじを
使って折りたたむ。
12
開いて折りたたむ。

13

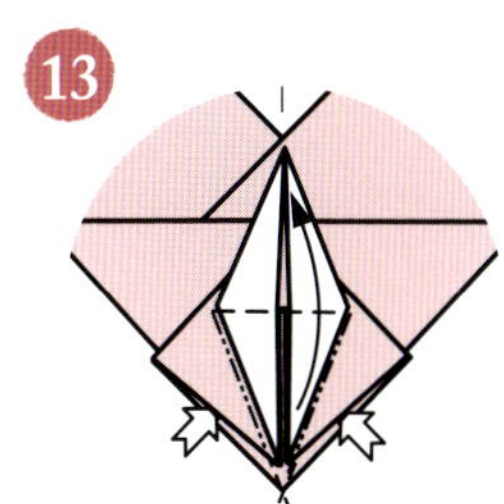

開いて折りたたむ。

14

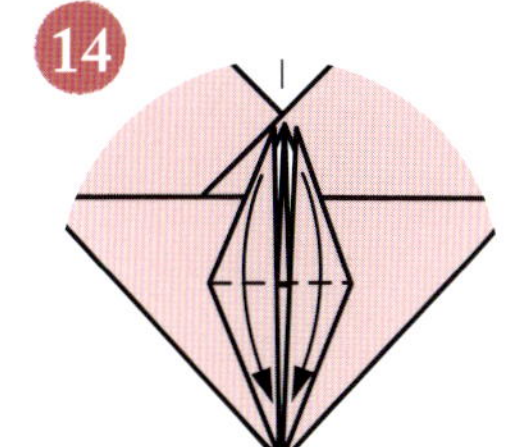

15

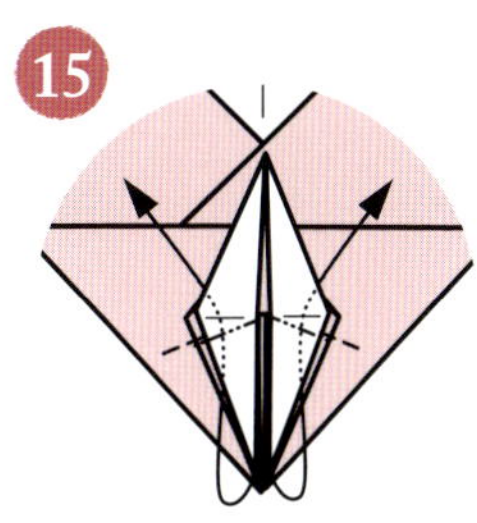

中わり折り。

16

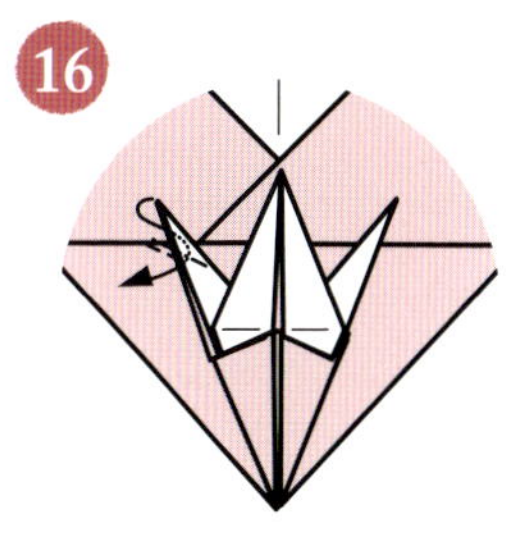

中わり折り。

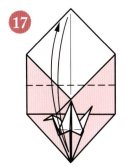

17

折りすじをつける。

18

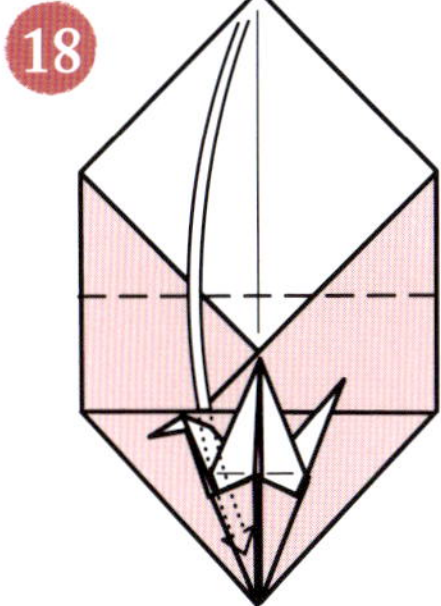

折ってさしこむ。

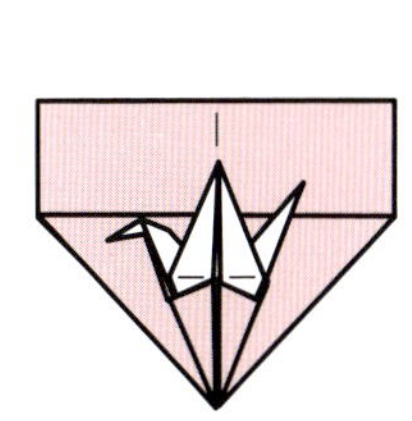

できあがり

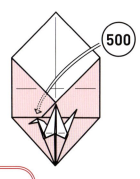

500

30 ページ右上の写真の作品は、
20 × 20cm の紙で折っています。

バリエーション

上の⑮の前に1度折ると、首と尾が細い仕上がりになります。

上の⑭と⑮の間に折る。

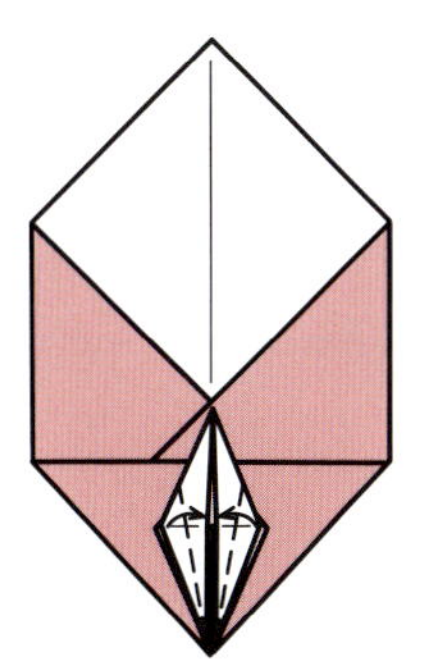

できあがり

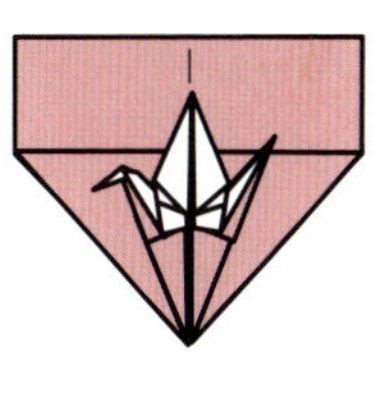

おまけ

お札の折り方

お札をこのように折ると、ケースの中に入れられます。
15×15cmの折り紙で折ったものにぴったりです。

1

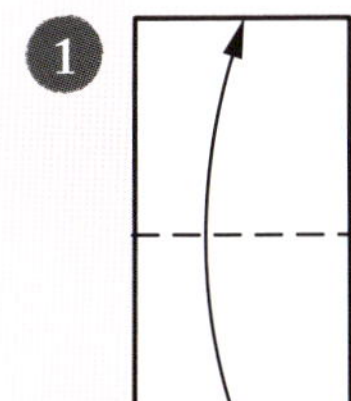

2

3

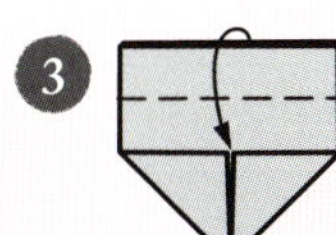

4

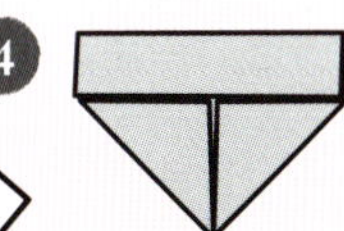

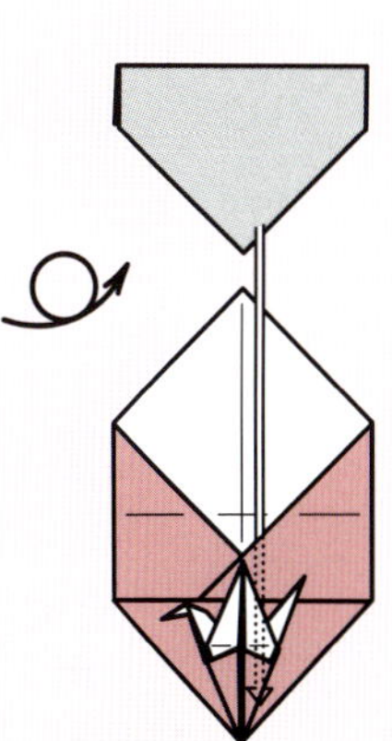

動物のコインケース

写真 >> p.29

３等分が正確に折れていないと形がきれいに決まらないので、❼の３等分はできるだけきちんと折ってください。「犬」と「しか」以外は耳がストッパーの役目をして、形がくずれにくくなっています。大きな紙で折ってひもをつけると、かわいいポシェットになりますよ！
他の動物も工夫できそうですね。

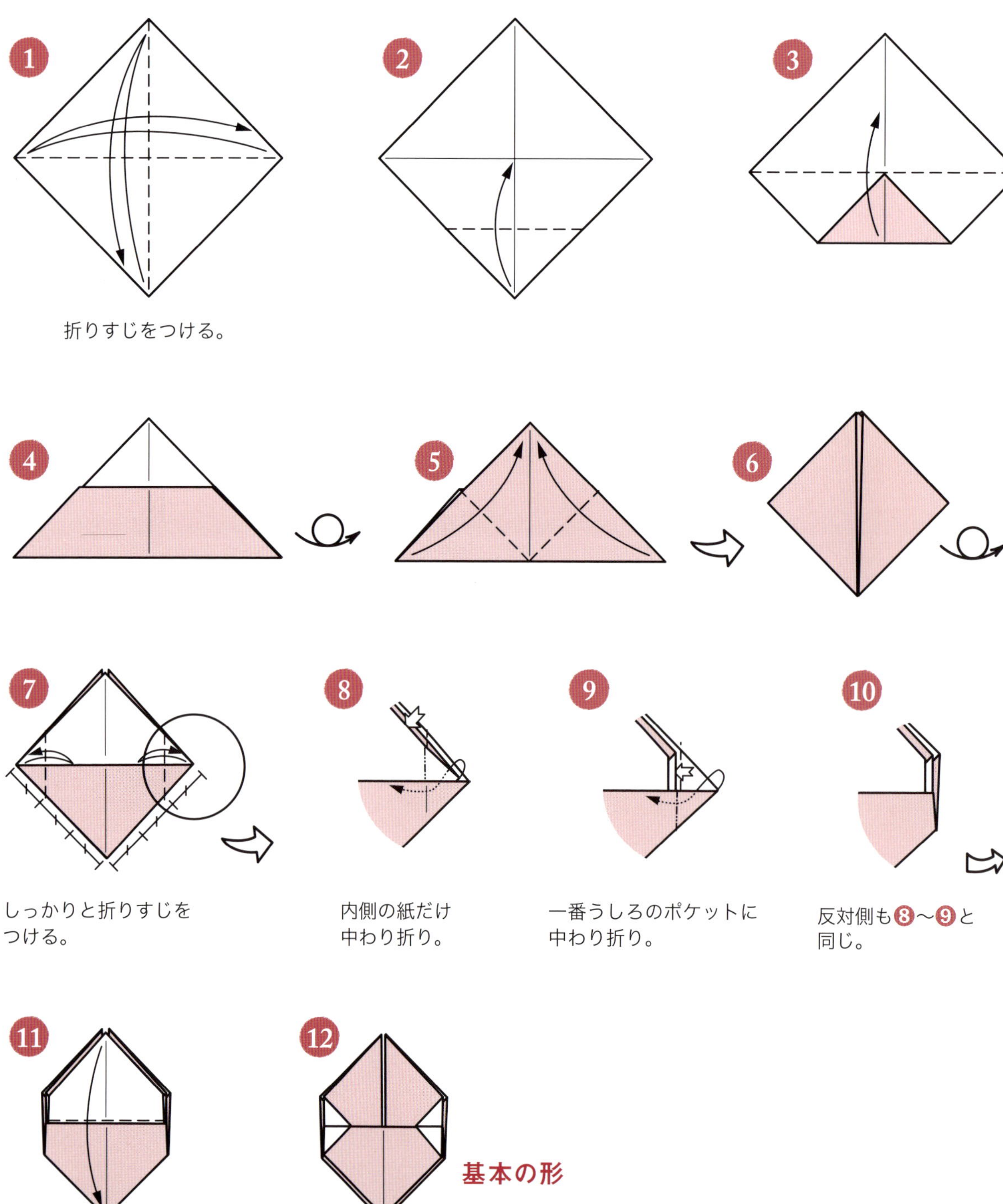
1
2
3
4
5
6
7
8
9
10
11
12
基本の形

1 折りすじをつける。

7 しっかりと折りすじをつける。

8 内側の紙だけ中わり折り。

9 一番うしろのポケットに中わり折り。

10 反対側も❽〜❾と同じ。

ねこ

1
「基本の形」より。

2

3

4

5
折りすじをつける。

6
折ってさしこむ。

7

8

9

10
折りすじをつける。

11
開いて折りたたむ。

12

13

できあがり

500

顔を開いてコインを入れます。

きつね

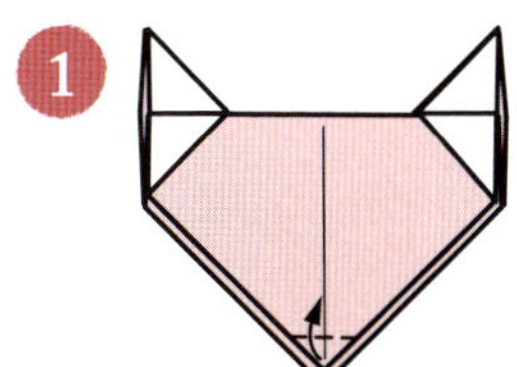

1
「ねこ」の7より。

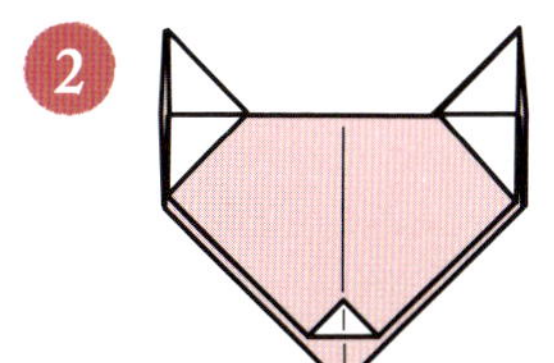

2
裏側は「ねこ」の10～13と同じように折る。

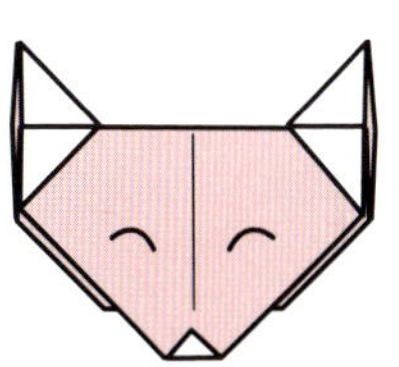

できあがり

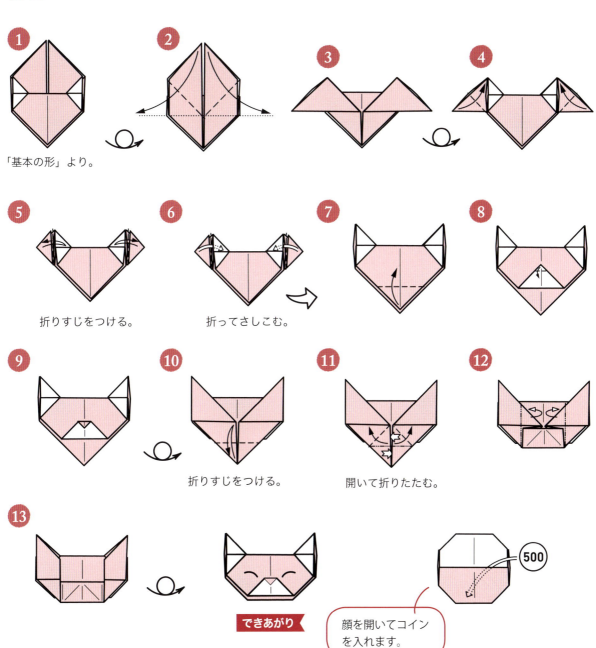

パンダ

1

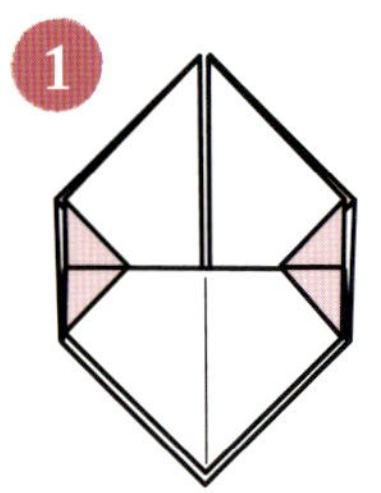

「基本の形」を表裏
逆にして折ってから、
「ねこ」の⑦まで折る。

2

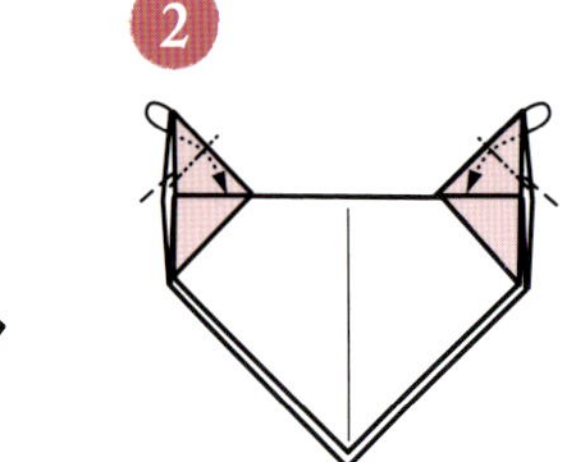

中わり折り。

3

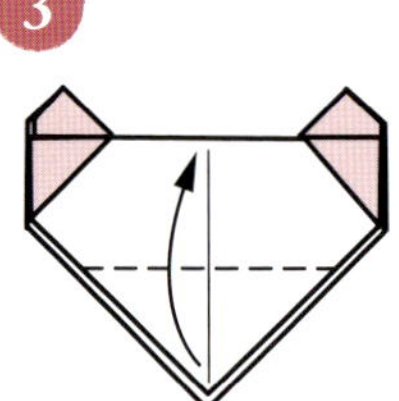

4

29ページ上の写真の作品は、
40×40cmの紙で折っています。

5

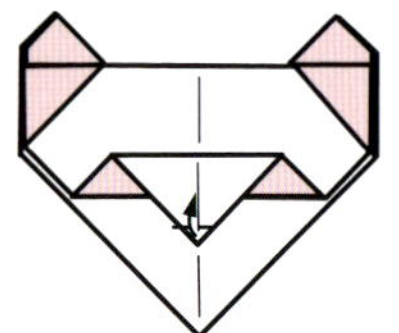

6

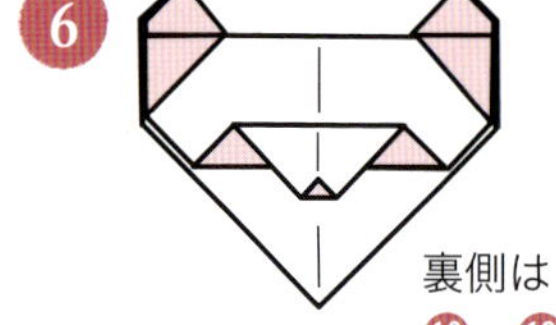

裏側は「ねこ」の
⑩〜⑬と同じ。

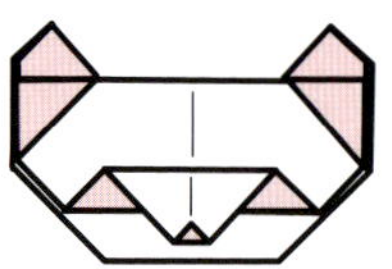

できあがり

くま

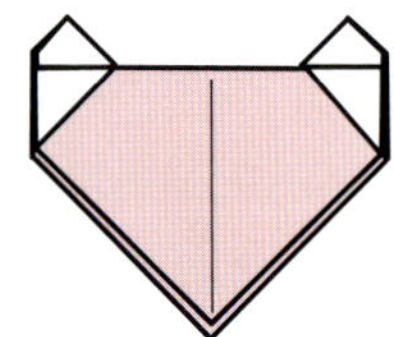

「ねこ」の⑦まで折ってから、
「パンダ」の②と同じように
耳を折る。
あとは「きつね」と同じ。

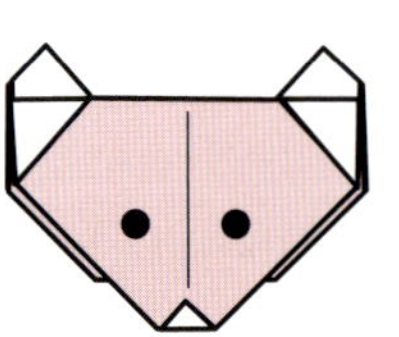

できあがり

犬

1

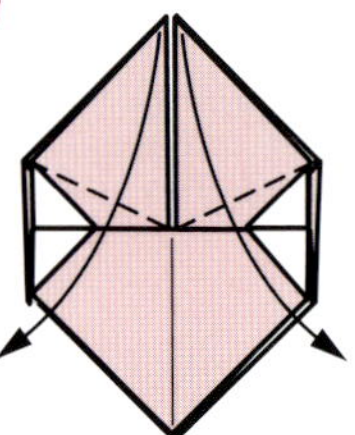

「基本の形」より。

2

3

手前のポケットに
中わり折り。

4

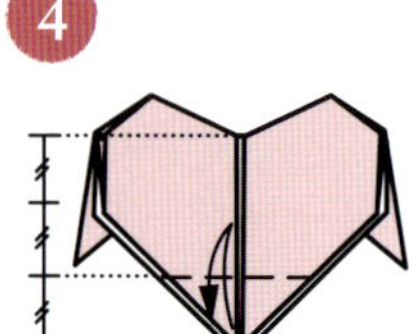

折りすじをつける。

5

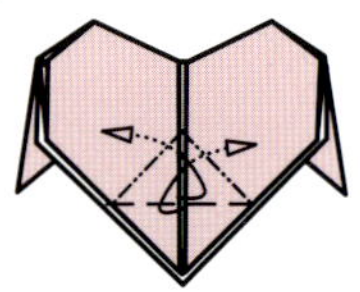

内側にすべりこませる
ように折る。

6

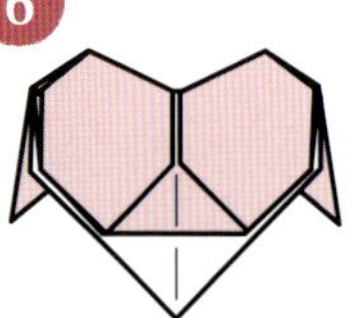

7

「ねこ」の⑦〜⑨と
同じように鼻を折る。

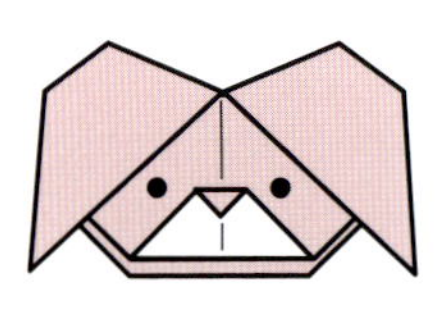

できあがり

しか

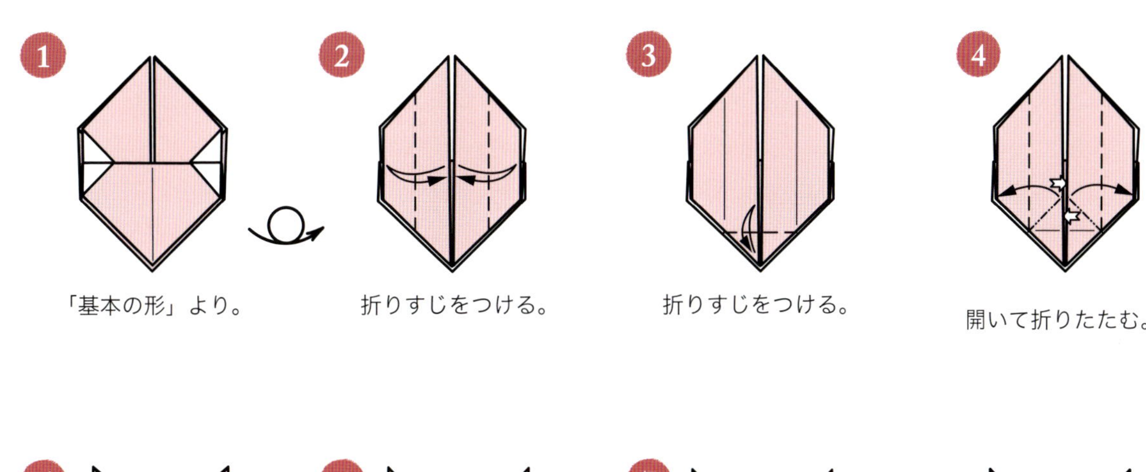

1
「基本の形」より。
2
折りすじをつける。
3
折りすじをつける。
4
開いて折りたたむ。

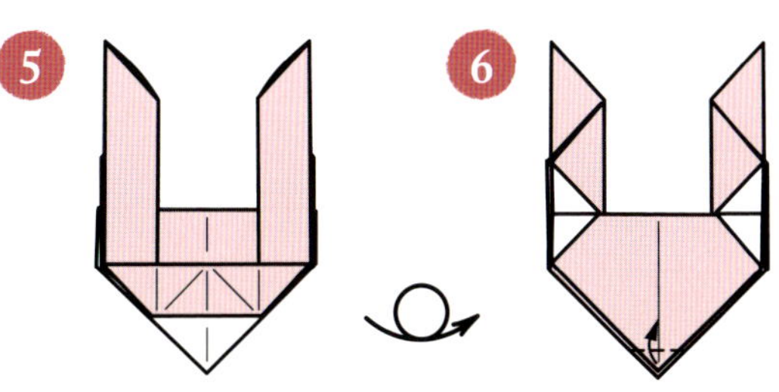

5
6

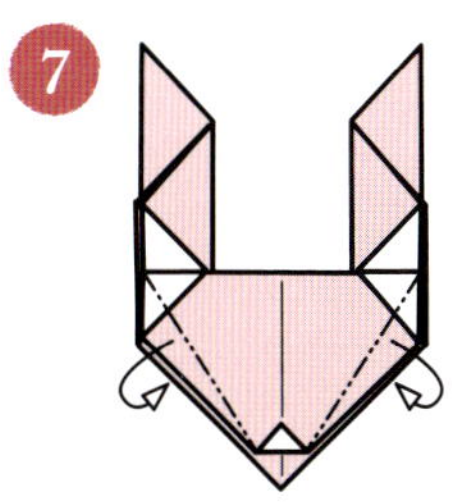

7
上の１枚だけ折る。

できあがり

おわりに

20代の頃から長い間折り紙に関わってきましたが、自分の創作作品といえるシリーズを作り始めたのは、この10年ぐらいです。人生の節目の年齢を迎えた今年、このように1冊の本にまとめる機会をいただけたことを、本当に幸せに思います。

本書でご紹介した作品のここかしこには、先達によって生み出された折り方がちりばめられています。これまで私に折り紙のいろはと素晴らしさを教えてくださった多くの方々と多くの作品たちに感謝いたします。また、雑誌「おりがみ」に以前掲載された作品の再録を快く認めて応援してくださった日本折紙協会の事務局の皆さんに、厚くお礼申し上げます。

そして、いつもモチベーションを上げてくれる素敵な折り紙仲間たち、叱咤激励してくださる教室の生徒さんたちにも紙面をお借りしてお礼を申し上げたいと思います。

写真についてはデザイナーの小倉さん、カメラマンの寺岡さんのおかげで、とってもおしゃれなページになり、作品たちも大喜びしていることでしょう！　どうもありがとうございました。優しい笑顔で担当してくださった編集の川崎さんにも深く感謝いたします。

この本を手にしてくださった皆様が、日々の生活の中で折り紙をもっと身近に折って使って、折り紙のある暮らしを楽しんでくださることを、心より願っています。

藤本祐子

著者プロフィール

藤本祐子（ふじもと・ゆうこ）

1957 年京都生まれ。現在東京都杉並区在住。
日本折紙協会職員を経て、長年、雑誌「おりがみ」の折り図制作を担当する他、保育雑誌や単行本などの企画協力、折り図制作に携わる。
また、折紙講師として主に地元の小学校や児童館、図書館、カルチャー教室、高齢者団体などで折り紙の楽しさを伝えている。
一般社団法人日本折紙協会理事。日本折紙学会会員。
作品選定、折り図などに関わった近著に『おってあそぼ！アンパンマン』（フレーベル館）、『リクリエーション大百科』（講談社）などがある。

［協力］
日本折紙協会
東京都墨田区本所 1-31-5（東京おりがみミュージアム）
折り紙の常設ギャラリー、関連商品の販売、折り紙教室開講。
会員になると、季節に合わせた折り紙の折り方や記事を掲載した雑誌「おりがみ」が毎月お手元に届きます。折り紙シンポジウム（研修会）、おりがみカーニバル（作品展示）や、折紙講師資格取得制度もあります。詳しくはお問い合わせください。
TEL：03-3625-1161　https://www.origami-noa.jp/

気軽に折れて 楽しく使える
かわいいポケット折り紙　●定価はカバーに表示してあります

2017 年 10 月 20 日　初版発行
2018 年 2 月 10 日　2 刷発行

著　者　藤本祐子
発行者　川内長成
発行所　株式会社日貿出版社

東京都文京区本郷 5-2-2　〒113-0033
電話（03）5805-3303（代表）
FAX（03）5805-3307
振替　00180-3-18495

印刷　株式会社シナノパブリッシングプレス
写真撮影　寺岡みゆき
カバー・本文デザイン・スタイリング　studio miin
協力　UTUWA

ISBN978-4-8170-8242-8　http://www.nichibou.co.jp/